中国当代藏书票丛书
出版纪念

书中蝴蝶

中国当代藏书票

且寻歌舞赏明春 文学艺术——

沈泓 著

天津教育出版社

金城出版社
GOLD WALL PRESS

前　言

藏书票是贴在书的扉页或夹在书中表明藏书主人的标识，如用一句更简洁的话表述，藏书票就是代表藏书主人的标识。

艺术家通常采用木版、铜版、丝网版、石版等版画形式，创作各种美术图案的藏书票，署上"某某藏书""某某之书""某某爱书""某某珍藏"等字样，并印上国际通用的藏书票标志"Ex Libris"。作为小版画或微型版画，藏书票以其小巧玲珑、精美雅致的艺术性，被誉为"书中蝴蝶""纸上宝石""书中精灵""版画珍珠"等。

已故藏书票艺术大师杨可扬在《可扬藏书票》（上海人民美术出版社1994年版）一书中，从艺术家的角度概括藏书票："藏书票是外来的艺术形式，是实用与审美结合、图像与文字并重的一种特殊艺术品；同时，藏书票属于小版画或微型版画的范畴，幅面不大，但小而精，有自己灵活多样的形式，更有精深丰富的内涵，方寸之间天地广阔。它是供读书、爱书、藏书者使用的一种标志，也是书籍的一种美化装饰。"

杨可扬的这段话说明了藏书票的特点、形式和功能。

藏书票的构成有三个基本要素，一是图画，二是要有"Ex Libris"拉丁文标志，三是要有票主姓名，即"XX藏书""XX书票""XX的书"等。根据国际藏书票参展参赛要求，藏书票必须标明"Ex Libris"一词，有时还要标明"XX藏书"。

藏书票的功能是表明书的主人，在功能上，藏书票和古代藏书章一样，只不过藏书章是盖在书上，藏书票是粘贴在扉页或夹在书中。它们皆为藏书的标志，均表明藏书的主人。

藏书票从20世纪初在中国出现，20世纪80年代在中国兴起，20世纪末至今蓬勃发展，得到越来越多读书人的青睐，也受到众多藏家的追捧。

藏书票的收藏价值首先是由其艺术价值决定的，每一张藏书票都是一幅画，富有隽永的艺术魅力；其次，藏书票题材广泛，内容丰富，包罗万象，蕴涵丰富；再次，藏书票是艺术家亲手刻印的版画原作，印量极少，一般只印10张到100张，多亦不过200张，物以稀为贵。此外，藏书票票幅小，犹如一张邮票小型张，易于收集，易于保存，因此越来越多的收藏爱好者视其为收藏珍品。

作为舶来品，藏书票在中国只有大约110年的历史，经受战乱、时局等影响，只有极少数版画艺术家和知识分子接触过藏书票，直到改革开放以后，藏书票才枯木逢春，逐渐复苏并迅速发展。

由于藏书票是新生事物，一切都在探索和发展中，很多方面都没有形成定式。如藏书票的命名就没有一定之规，即使同一个作者对同一张图，也常有两种命名。通常情况下藏书票的命名有三种方式：以票主命名，如"XX藏书"；以画面主题或题材命名，如"仙人掌"；作者自己写了题名。原则上一般首选作者写的题名，但为保持藏书票命名的统一，本书中的藏书票主要采用票主命名的方式，创作年份不详的不标注。

藏书票是一个珍珠闪烁、宝石耀眼、蝴蝶翩飞、五彩缤纷的世界，愿"书中蝴蝶：中国当代藏书票"丛书带您走进这个绚丽而神奇的世界。

目录 | CONTENTS

　　"西苑烟光倚槛新。桃花艳艳静无尘。照溪红映一天云。肯放落红流出水，且寻歌舞赏明春。持杯知是洞中人。"宋曹勋《浣溪沙》描绘了一幅天上人间的美景，美景总是能给文学艺术家带来灵感，美景造就文学艺术，美景也需要文学艺术的点缀和传播，"且寻歌舞赏明春"，这句诗概括了文学艺术家对题材的感性和寻觅。

　　当代艺术家创作了大量与文学艺术有关的藏书票，包括古典文学、四大名著、载歌载舞、音乐演奏、娱乐活动、戏剧人物、脸谱造型、古今名画、成语谚语、民间美术、读书品位等，这些构成了当代藏书票最富文化魅力的题材之一。

易阳：经典的定格

人物画最关键点是眼睛和手。眼睛是心灵的窗口，眼睛透露心理，手势代表性格和心理动势。《红楼梦·宝黛初会》藏书票中黛玉的眼睛格外传神，娇羞含情，似可听到她的心语："好像在哪里见过，何以眼熟至此？"她的手势，更是将她的微妙心理暴露无遗。

宝玉的眼睛已被黛玉牢牢吸引，手势充满怜爱之情，还有喜相逢的无措，似听到他说"这个妹妹我曾见过的"，似听到他问黛玉读过什么书，名字是什么，有玉没有。

接下来的故事大家都知道了，听黛玉说没有玉，宝玉一时气恼，把玉摔在地上，引得大家慌乱不已。

《红楼梦·宝黛初会》藏书票，惟妙惟肖地刻画出宝玉惊为天人的表情——此曲只应天上有。画面带给观众的是：金风玉露一相逢，便胜却人间无数。

红红的"荣禧堂"，是他们对爱情的想象；红红的将军罐，上面的双喜字是他们对未来的期盼。

◆ 红楼梦·宝黛初会

易阳2015年作

《红楼梦·黛玉》藏书票描绘的画面是黛玉葬花，这是《红楼梦》中的经典描写，也是无数画家表现的经典画面。易阳没有描绘黛玉葬花的具体动作，而是重在表现黛玉荷锄挑花篮的形象，刻画出黛玉亭亭玉立的美和多愁善感的气质。

林黛玉常常为常人不屑的一点小事而感伤流泪。花开花谢本来就是自然景象，林黛玉却由此想到人生的悲欢离合、聚散无常。她为落花叹息，其实是为她深爱宝玉苦情无计而顾影自怜，只能于无人处暗泣。

黛玉葬花为《红楼梦》第二十七回"滴翠亭杨妃戏彩蝶，埋香冢飞燕泣残红"中描写的场景。

芒种时节，大观园众姐妹祭花神。黛玉想起那晚去看宝玉时，晴雯没开门，黛玉疑是宝玉故意不见，十分懊恼，感怀身世，见园中落花无主，乃荷锄葬花，并赋《葬花吟》。

画面上的林黛玉，手托香腮，微蹙双眉，表现出了"红消香断有谁怜""闺中女儿惜春暮，愁绪满怀无释处"的悲戚。此前，贾母替宝钗做生日蠲资二十两，黛玉却无，倍感冷落。

荷锄葬花的林黛玉，目光低垂，满是哀愁，看着泥土，表现了"一朝春尽红颜老，花落人亡两不知"的忧伤

◆ 红楼梦·黛玉

易阳2007年作

情调。

一朵花，从衣裙上滑落。花是金花，表现了"质本洁来还洁去""一抔净土掩风流"的高贵。

除了黛玉头顶的水珠是紫色的，还有不显眼的金花金领，整幅画为蓝色，蓝色是冷色，这暗淡凄清的色彩，契合黛玉忧郁高冷的性格。《红楼梦·黛玉》藏书票出神入化地刻画出黛玉自芳自洁、遗世独立的精神气质。

宝钗扑蝶的图案通常是描绘宝钗全身，在花丛中追逐蝴蝶，突出宝钗花丛摇曳中的妙曼身姿。易阳的《红楼梦·宝钗扑蝶》藏书票只取宝钗半身像，突出眉眼的生动传神，还有持扇手指如兰花绽放的纤柔之美。

"宝钗扑蝶"和"黛玉葬花"故事同样是《红楼梦》第二十七回的情节，这是一段精彩的描写，精彩在于"扑蝶"这样的事通常是不应发生在端庄的宝钗身上的，但它却偏偏发生了，生动地表现了宝钗作为一个"女儿"天真烂漫的一面。

易阳的《红楼梦·宝钗扑蝶》藏书票作品犹如特写镜头，细致刻画薛宝钗肌骨莹润，举止娴雅，唇不点而红，眉不画而翠，脸若银盆，眼如水杏。穿着素淡的服装，映衬着艳冠群芳的姿容。

◆ 红楼梦·宝钗扑蝶

易阳2009年作

《红楼梦·宝钗扑蝶》藏书票并未将扑蝶表现为宝钗作为少女的天真本性，易阳一定是仔细研究了原著的。根据《红楼梦》描写可以感受到，扑蝶并非宝钗的本性和本意，而是为了掩饰和保护她自己，也就是说，扑蝶行为与她天真烂漫的本性是相反的。

根据小说中的描绘，在宝钗扑蝶过程中发生了一件意外的事情，使得原本可以说宝钗天真烂漫的少女天性变得复杂了。这一天大观园的小姐们都出来玩耍，宝钗要到潇湘馆去找黛玉，见宝玉进了潇湘馆，宝钗怕黛玉猜疑，就回来了。

一双玉色蝴蝶引得宝钗去扑蝶，跟到大观园滴翠亭外，宝钗听到宝玉的丫鬟小红与坠儿在说贾芸的事情。女孩子对别人的隐私都有一种好奇心，宝钗不是一般的女孩子，她想到："今儿我听了他的短儿，一时人急造反，狗急跳墙，不但生事，而且我还没趣。"她首先想到的是保护自己，从而压抑住了女子好奇的天性。

此时宝钗已躲不了，于是她灵机一动，故意喊着"颦儿，我看你往哪里藏"，还问小红和坠儿："你们把林姑娘藏哪里了？"

如此看来，起先宝钗扑蝶是少女天真活泼的天性使然，然而后来又多了心机和城府，而不仅仅是天真。易阳描绘的《红楼梦·宝钗扑蝶》藏书票，并未完全照搬原作，而是有所创造，重在刻画典型环境中的典型人物，典型人物中的典型细节。

还不仅仅如此，回头再细细分析，宝钗扑蝶从一开始也并非出自她的本真，而是发生了一件事情，是宝钗去找黛玉，看到宝玉在黛玉那儿，心生嫉妒和失落。

然而，温良端庄的宝钗是从来不显露出嫉妒和失落的，甚至人们看不出她心里到底想的是什么。那么，如何释放她的嫉妒和失落情绪呢？只有扑蝶。如何表现她的嫉妒和失落呢？最好也是扑蝶。

在扑蝶中，才能忘记烦恼；在扑蝶中，才能回归本真。

为何让宝钗扑的是蝶，而不是扑鸟？有人说蝶最美丽，宝钗是爱美的，或许可以自圆其说。然而，如果为了爱美，扑蜻蜓也可以，而且比蝶美丽的鸟儿多得是，宝钗也可以去扑啊。

但宝钗只能扑蝶。蝶是什么？蝶是梦幻，著名典故庄生梦蝶，就是对蝶的象征寓意最好的解释。

宝钗扑蝶，宝钗孜孜以求，宝钗的过于早熟，宝钗的心机，宝钗的城府，宝钗为达到目的外表上的虚伪掩饰，最终都是一场梦。她得到了和宝玉的婚姻，但她没有得到幸福，所以，宝钗扑蝶，不过是宝钗扑梦。

宝钗扑的是什么蝶？易阳按照书中描写，刻绘一对玉色蝴蝶。为何是一对玉色蝴蝶，而不是其他蝴蝶？因为宝玉的名字中有一个玉字，黛玉的名字中有一个玉字，一对玉色蝴蝶，寓意宝玉和黛玉比翼双飞。

宝钗扑蝶，一边扑，还一边喊叫："颦儿，我看你往哪里藏？"（颦儿即黛玉）宝钗是要抓住这一对玉色蝴蝶，还是要扼杀这一双玉色蝴蝶？画家对书中的这一描写应有所感悟，使用象征、隐喻手法，将细节描绘得缥缈灵动，扑朔迷离，读者和观众不需要揭开谜底，或许也没有谜底，只有艺术的张力及艺术张力带给读者的想象空间。

宝玉的名字中有一个玉字，黛玉的名字中有一个玉字，通过同一个玉字，将他们的人生命运和爱情命运联系起来了——玉碎。关于两人命运的最大隐喻，就是成为一对玉色蝴蝶，正是在宝钗扑蝶时出现的。他们被人追捕，被人扑杀，都是在他们不知道的时候，以一种美丽的形式。

按中国象形字构造法理解，"宝"是家中有玉。

宝钗的"钗"字中没有玉字，显然不能成为宝玉家中的玉人。有人认为钗是金属的叉，是锐利的头饰，是一种可以作为武器的不祥之物。钗玉之别——宝钗和黛玉之别——不仅仅是金玉良缘和玉玉良缘之别，更是暗藏杀机和温润可人之别。

宝玉的命里，必须有玉，这玉只能是黛玉。然而，他们不过是一对玉色蝴蝶。蝶是梦，这或许就是宝钗扑蝶细节最大的隐喻和象征意义。

《红楼梦·宝钗扑蝶》藏书票中宝钗的形象与上图《红楼梦·黛玉》藏书票中的黛玉形象不同，源于宝钗的性格与黛玉截然不同，这两个命运一样凄惨、性格截然不同的人物，在对照和比较中完成性格刻画。性格决定命运。

藏书票没有将宝钗扑蝶置于万花丛中表现，画面呈现梦境一般的氛围。水珠技法创作的水珠，在宝钗头脑后飘浮，水珠如梦幻泡影。周边蓝色背景中的白色斑点，加强了这梦幻的意境。两只蝴蝶，玉色、金色交织的蝴蝶（玉色为主、金色点缀），或金玉良缘，或玉玉良缘，从右下角升起，犹如从梦的深处飘飞而来，正是对原著细节创造性的呈现，又似易阳对人物性格的隐喻的揭示，也象征了人物的命运。

画家画夜读，通常是画伏案而读。易阳的《红楼梦·宝钗夜读》藏书票构图有独到之处，不画宝钗埋头读书，而画宝钗站立于书案前，手执宫扇，望书若有所思。

在画中，宝钗是一个恪守闺训妇德的封建淑女，也是一位深谙中国传统文化的儒家学子。与黛玉潇洒飘逸而略带忧郁的诗仙风格相比，宝钗更具有含蓄浑厚的诗圣气质。从画上来看，宝钗是饱读诗书而自信，四平八稳不动声色。其实，她又是寂寞的，冰雪一样的沉静冷淡，高深莫测，让人心生向往又不敢正视，浮想联翩却亲近不得。

很多人不喜欢宝钗主要是因为作为少女，她明显偏于早熟，为人处世过于老到，心机深邃让人不可捉摸。她遵守清规戒律，总是似有所图，在一群性情各异的姑娘中间显得城府太深。画中形象准确表现出了宝钗平稳深沉、从容中庸的特点。

"好风凭借力，送我上青云！"与黛玉哀婉情伤的《桃花行》相比，宝钗所吟豪迈自信。她本是生活的强者，于贞静温和中显示力量，用柔弱的双肩挑起重担。她的悲剧在于无奈的命运让她遇到了爱着黛玉的宝玉。

灯是易阳铜版画的"专利"，在这张藏书票中再现"霓虹"。灯光照射到宝钗头上的一只凤凰，这是宝钗与宝玉成婚所戴的头饰。然而，尽管她达到了嫁给宝玉的目的，却并未得到爱的幸福。这盏灯，或是伴她孤独终老的隐喻。

◆ 红楼梦·宝钗夜读

易阳2018年作

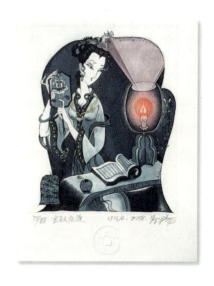

《红楼梦·红楼颂读》藏书票描绘了林黛玉和薛宝钗一起读书的情景。将两人同构一图，这是其他画家作品中罕见的画面。笔者就此话题询问易阳，易阳立即写来一段创作断想："《红楼梦》第四十二回'蘅芜君兰言解疑癖潇湘子雅谑补馀香'主要讲了两件事情：刘姥姥结束大观园之旅，带着丰厚的礼品回乡；宝钗识破黛玉看禁书，反而成就了两人的友谊。出现了宝钗和黛玉难得交心的部分。追求个性自由的黛玉与讲究三从四德的宝钗，表面上水火不容，实际上，这恰恰是生命中的正反面。两人合二为一，才是生活的常态。藏书票表现了宝钗识破黛玉偷看禁书，没有让她当众出丑，却私下里让黛玉感受到了亲人般的关爱、成就了两人友谊的故事。"

林黛玉和薛宝钗都是才高八斗的女子，读书多，诗才了得。第三十七回海棠诗社定了题目，大家冥思苦想，而林黛玉或看秋色，或与丫头们谈笑，一炷香完了，黛玉"提笔一挥而就，掷与众人"。

薛宝钗的诗才应该说和林黛玉不相上下，但她只把作诗当作消遣，她还规劝林黛玉说："你我只该做些针黹纺织的事才是，偏又认得了字，既认得了字，不过拣那正经的看也罢了，最怕见了些杂书，移了性情，就不可救了。"

◆ 红楼梦 · 红楼颂读

◆ 红楼梦 · 玲珑熙凤

易阳2009年作

易阳2019年作

画中的两人，林黛玉站立读书，薛宝钗持书随意坐着，符合林黛玉认真读书、专注作诗的性格，也符合薛宝钗并不看重读书的性格，正如她对林黛玉说："咱们女孩儿家，不认得字的倒好。男人们读书不明理，尚且不如不读书的好。何况你我。"

王熙凤是易阳的"红楼梦"系列藏书票精心刻画的又一人物，《红楼梦·玲珑熙凤》藏书票中不仅准确描绘了王熙凤披金戴翠的头饰衣饰，更描绘出了王熙凤的个性。其中眼睛尤为传神，厚道人是正视，画中王熙凤的眼睛是侧头斜视，双手举起，通过眼睛和手的动感，表现出她八面玲珑的性格特点。

对比二人，王熙凤和宝钗都是滴水不漏、机智精明的人物，是女能人，但两人又有很大的不同。王熙凤张扬，薛宝钗内敛；王熙凤霸道，薛宝钗圆融；王熙凤专权，薛宝钗专情。

画中刻画的王熙凤很漂亮，一双丹凤三角眼，两弯柳叶吊梢眉，身材苗条，体态风骚，粉面含威春不露，丹唇未启笑先闻。王熙凤八面玲珑体现在她的复杂性格上，她热心起来是一个孝顺周到的孙媳妇，也是体贴风趣的大姐姐，厉害起来是个精明强干、人人敬畏的管家婆，贪婪狠毒起来又是个毫不留情、心狠手辣的母夜叉。她善于逢迎又工于心计，在贾家大权独揽，春风得意。

"金陵十二支曲"中的《聪明累》一曲，暗喻了她的命运和结局："机关算尽太聪明，反算了卿卿性命。生前心已碎，死后性空灵。家富人宁，终有个，家亡人散各奔腾。枉费了，意悬悬半世心；好一似，荡悠悠三更梦。忽喇喇似大厦倾，昏惨惨似灯将尽。呀，一场欢喜忽悲辛。叹人世，终难定！"

凤姐弄权，最终"机关算尽太聪明，反算了卿卿性命"！欣赏《红楼梦·玲珑熙凤》藏书票，也让人不由得发出这样的感叹。

《三国演义》藏书票中三个男人的侧面肖像，代表曹操、刘备、孙权。他们戴头盔，披铠甲。易阳虽没有描绘他们逐鹿中原、争霸天下的征战场面，但着力刻画他们孔武强悍的肖像，他们盖世英豪的气概跃然纸上。细细品鉴，似已听见万马奔腾、千军涌动的厮杀。

将霸主三人肖像并肩错落排列，是见于西方铜版画中的构图模式，在中西合璧中，尽显东方精神和东方气韵。

◆ 三国演义

易阳作

表现《三国演义》中"桃园三结义"场景的绘画作品通常是竖幅，刘、关、张站在桃花盛开的桃林拱手誓盟结义，满目春色。易阳的《三国演义·桃园三结义》藏书票采取横幅，三人跪在香案前，拱手结拜，别开生面。

画家以具象手法朴实表现桃园三英形象，追求形似的同时，更追求对人物个性特征的挖掘，各有突出。刘备突出的是"仁"，张飞突出的是"猛"，关羽突出的是"义"。

画中刘备的形象，符合《三国演义》中站在曹操对立面礼贤下士、仁民爱物的"仁君"形象。令人想到他思想言行的核心"仁义"，想到他说的："操以急，吾以宽，操以暴，吾以仁，操以谲，吾以忠，每与操反，事乃可成耳。"想到书中描写的："远得民心，近得民望。"刘备的义，集中表现在对待结义的关羽、张飞身上，生则相爱相信，死则义不独活。

关羽义重如山的形象，令人想到他降汉不降曹，封金挂印，千里寻兄，想到他身上体现的"春秋大义"道德观念。

《三国演义·桃园三结义》藏书票未着点彩，而是以单纯的黑白表现，更具深厚历史感。

◆ 三国演义·桃园三结义

易阳作

　　《三国演义》里"煮酒论英雄"的故事发生在曹操在白门楼勒杀吕布之后。曹操带着刘、关、张三人回到许昌。谋臣劝说曹操早日干掉刘备，曹操雄才大略，不忍下手，但他要考验刘备，于是请刘备喝酒，实为试探。

　　《三国演义·煮酒论英雄》这张藏书票描绘那天的风云际会，曹操指天，以龙的变化、隐、现来暗指英雄的行为。刘备怕曹操把他当作英雄，否则人头不保。他假装糊涂，处处设防。曹操说："天下英雄，惟使君与操耳。"一言石破天惊，刘备大惊失色，匙箸落于地……画面将曹操一代枭雄的气势、刘备惊恐而强作镇定的表情，刻画得入木三分。

◆ 三国演义·煮酒论英雄

易阳2016年作

《三国演义·三顾茅庐》藏书票刻画刘备带着关、张二位贤弟拜访诸葛亮的故事，取材自《三国演义》描写的一段故事——

刘备先后听到司马徽、徐庶推荐诸葛亮，带着关羽、张飞，一起到隆中去找诸葛亮，一顾不获晤面，怏怏而回。二顾冒风雪而往，诸葛亮出外闲游，刘备遇其弟诸葛均，留一手札，嘱为转达。

越岁新春，选择吉期，刘备斋戒三日，熏沐更衣，三顾茅庐。此次刘备离卧龙岗半里之外，就下马步行。及至门首，孔明午睡方酣。刘备嘱咐童子，勿得惊动，独自一人，徐步而入，拱立阶下。

画面刻画童子开门侧身相迎，刘备恭敬拱立门前，关羽无奈陪同随后，张飞张口表达不满，皆符合三顾茅庐的情景。刘备对卧龙岗一闲人如此恭敬，关、张二人早已心生不悦，数谏刘备，因刘备不肯放弃，他们都是无奈随行。

画面上四个人，两匹马，情景、背景、心境、画境，每个人物的个性和心理，融于一画。

◆ 三国演义·三顾茅庐

易阳2014年作

《三国演义·关公夜读春秋》藏书票，讲述的是人们耳熟能详的故事——

曹、刘争夺徐州，刘备兵败投奔河北袁绍，曹兵进围小沛，关羽及刘备的两位夫人皆成俘虏，被带至许都。曹操为笼络关羽，对其百般殷勤，赠以大量金银财宝、绫罗绸缎，关羽全部封存。曹操三日一小宴、五日一大宴地款待，关羽从不过量饮酒进食。曹操请乐师为其演奏缠绵之音，派去十多个美女侍奉，关羽无心听乐，令美女都去服侍刘备的两位夫人。

曹操无计可施，最后竟然安排关羽与刘备的两位夫人同住一室。关羽从容地燃起蜡烛独坐室外，通宵达旦、专心致志地阅读《春秋》。曹操知情，不由肃然起敬。

古代诸多画家和年画艺人画有以关羽夜读《春秋》为题材的作品。易阳借鉴古画，而有新的创造。这张藏书票下部融入易阳独创的水珠技法，上部融入了易阳独特的"霓虹"技法，炉火纯青，画面丰富多彩。

易阳介绍，铜版藏书票以关羽夜读《春秋》为主题，刻画正气凛然的关公，正襟危坐于虎榻之上，左手握着《春秋》，右手捋着长髯，双目炯炯有神。周仓手持青龙偃月刀侍立，汉灯的金色灯光熠熠生辉。关羽外着绿松石般宝石色彩的蟒袍，这是兄长刘备所赠，内穿兽首衔环锁子

◆ 三国演义·关公夜读春秋　　　　　◆ 三国演义·空城计

易阳2021年作　　　　　　　　　　易阳2009年作

甲。汉寿亭侯神态威严、庄重。画面中的铜版画水珠技法所产生的效果，增强了画面的饱满程度和艺术感染力。藏书票的擦版采取一版多色的过渡色彩技法，取七色彩虹之意，暗指关公气贯长虹的非凡气度。藏书票的防伪盲印为汉代著名的"五铢"铜币，契合了藏书票的历史文脉，也体现了东方美学的新时代气息。

随形构图是易阳的创造，画面是经典画面：西城城门楼上，诸葛亮弹琴，两童子侍立身后，两老兵城门楼下扫地，司马懿骑马立于城门楼前……这六个人物，是几乎所有的以"空城计"为题材的绘画作品都必不可少的。

"空城计"是《三国演义》最精彩的情节之一。京剧的传统剧目中就有《空城计》一出，又名《抚琴退兵》。

街亭失守，司马懿率四十万雄兵直抵西城。诸葛亮兵微将寡，欲战不能，欲走不可，只得急中生智，四门大开，巧施空城计。

画面是经典画面，易阳并未颠覆经典，也无意颠覆。

不同的是，作者竟将这个经典场面刻画得如此清晰！小小画面，浓缩纷繁的人马、城墙及道具，一丝不苟，如在目前。

六个人物，每一个都栩栩如生：两童子侍立，一持剑，一背拂尘，强作镇静。

两老兵知道形势危急，命悬一线，一老兵一边扫地，一边侧身回头窥视，心都提到嗓子眼了，却要故作轻松；另一老兵背对司马懿，扭动身姿，欲回首窥看又害怕看，内心如临深渊、如履薄冰，却仍装模作样地扫地。

空城计的主角诸葛亮端坐城头，面部表情看似静若秋水，低垂下视的眼睛却在偷偷观察司马懿的动静。

诸葛亮是在赌命啊，看似舒展的双手，难抑内心深处的恐慌；看似泰然自若的神态，难掩博弈的心理。易阳传神之笔，表现出紧张中的淡定。

表情最为丰富的是另一主角司马懿，他双眉紧蹙，一眼睁大，一眼微眯，一手持令旗，一手捻胡须，表现他细辨琴音、举棋不定、进退难决的复杂心理。

诸葛亮敢于使"空城计"，是因为料知司马懿了解自己"生平谨慎，必不弄险"，利用司马懿对自己长期形成的认识，采用了铤而走险的疑兵之计，最终解除了危机。

《三国演义·空城计》藏书票将典型人物置于典型环境，在极具戏剧冲突的细节中表现人物，每一个人物的表情、神态都符合其性格，惟妙惟肖，秉承比传统更精微、严谨的写实手法，是现实主义的绝妙呈现。

"金猴奋起千钧棒，玉宇澄清万里埃。"《西游记·齐天大圣》铜版藏书票表现出了这一诗境和气势。

2019年，易阳受收藏家委托，历时大半年，创作了这张藏书票。左边文字标明了该票是一张纪念藏书票，为"书间精灵建群纪念"。谈及创作时长，易阳笑说："喵星人雪小胖从猫妈妈雪花肚子中孕育到出生，再到长大，从头到尾见证了《西游记·齐天大圣》藏书票的创作历程，可谓藏书票与之共同生成。"

藏书票技法上，除了水珠技法、点金，易阳还运用了一版多色的铜版画印刷技法：红色晕染、过渡，呈现冷暖色渐变，最终达到丰富自然的色彩层次效果，故起名彩虹版《西游记·齐天大圣》。

易阳介绍，《西游记·齐天大圣》画面的外轮廓汲取中国经典瓷器"将军罐"束腰的造型，凸显威武雄壮的气势和东方美学的意蕴，背景中书写金石字体"齐天大圣"的旌旗在空中飘展。孙悟空头戴金冠，倒插野鸡翎，身披黄金雁翎锁子甲，脚踏筋斗云，手舞重达13500斤的如意金箍棒，却显得异常轻松，神态自若。

金箍棒像烧火棍似的，在孙悟空手中舞动得呈现弯形。这种"变形"的艺术夸张手法表现了孙悟空的臂力了得，不愧是有擎天神力的齐天大圣！

◆ 西游记·齐天大圣　　　　　　◆ 聊斋志异·婴宁

易阳2019年作　　　　　　　　易阳2016年作

藏书票运用独特的"水珠技法"制作了孙悟空脑后的头光，这种背光、头光只有得道高僧、菩萨和佛祖才有，预示孙悟空历经千难万阻后，即将功德圆满，最终修成为斗战胜佛。

圆形构图中，水珠技法创造的水珠泡泡弥漫画面，营造出梦幻般的意境。事实上，婴宁正是非现实的狐精，藏书票表现她在飘，飘浮在仙界、鬼界和人界之间。

伴随水珠飘浮的，杂有五瓣梅花。这梅花是有来由的，《聊斋志异·婴宁》描写婴宁："拈梅花一枝，容华绝代，笑容可掬……生拾花怅然，神魂丧失，快快遂返。"

"生"即王子服，因这朵梅花，他"藏花枕底，垂头而睡""忽忽若迷"。漫天飘荡的水珠是梦幻世界，和水珠一起飘荡的梅花，是王子服的爱情和相思。

藏书票上部一颗红心，隐约书写"婴宁"二字，心形点明了这则爱情故事的主题。婴宁纤纤素手，拈梅花一枝，横卧画中，如飞天飘飘，身姿窈窕，貌美如花。翘起的素腿赤脚也是那么俏皮，一段狐尾随腿呈弧形翘起，表明她的狐精身份。狐狸的尾巴是紫色的，迥异于红色画面。

婴宁是美的，易阳的铜版藏书票是唯美的追求，深深浅浅的红色为这份唯美更添浪漫色彩。

《胭脂秘》藏书票集合了诸多代表古典文化的器物。首先，作者采用将军罐的形状作为整体构图，图的下部还有一个哥窑开片将军罐。其次，书案、竹节椅、香炉、茶壶、茶杯都是古代器物。再次，读书仕女身后的灵璧石，更是大家族书房的清雅装饰。俗话说："园无石不秀，居无石不雅，人无石不贵。"

左下"品珍"二字也说明了这些器物的珍贵。如此雅致的书房，浸透传统文化氛围，在这样的书房中读书，又是怎样的审美体验？

书房中的佳丽，是无数文学艺术作品表现的主角。《胭脂秘》藏书票表现的是名著中的人物还是并无特别所指？且给读者留下悬念。

◆ 胭脂秘

易阳2010年作

《水漫金山寺》的故事取材于《白蛇传》，描绘法海把许仙骗去金山寺，不让许仙夫妇团聚。白娘子带着小青来到金山寺，苦苦哀求，请法海放回许仙。法海拒不放人，无奈，白娘子只得拔下头上的金钗，迎风一摇，掀起滔滔大浪，向金山寺直逼过去。

法海眼见水漫金山寺，忙脱下袈裟，变成一道长堤，拦在寺门外。大水涨一尺，长堤就高一尺，大水涨一丈，长堤就高一丈，波浪始终漫不过去。

很多画家，还有年画、剪纸等民间艺人都表现过水漫金山寺这一画面。易阳借鉴传统绘画和民间美术构图，有自己独到的创造。其独到之处在于：

一是水景的营造。水珠技法在此大显身手，使汹涌波涛更加丰富奇幻，水中虾兵龟将鬼魂般地浮现，让画面更富戏剧冲突。

二是人物造型优美、表情传神。吴带当风的线条，白素贞舍生救夫的坚定，小青惊惶而焦虑的眼神，都刻画得惟妙惟肖。

三是法海的形象有所变化。过去的《水漫金山寺》绘画作品中，法海是一个龇牙咧嘴、满脸络腮胡的凶神恶煞形象。易阳反其道而行之，画中的法海英气勃勃，全然没有凶恶的模样。这是易阳文人画的创造，真正的艺术人物不是仅凭外表区分好坏的。

◆ 白蛇传·水漫金山寺

易阳2010年作

《穆柯寨》藏书票取材自同名传统戏剧，描述了这样一个故事——宋代杨延昭（杨六郎）命孟良搬请五郎助破天门阵，五郎需穆柯寨的降龙木作斧柄，孟良、焦赞去索取，被寨主穆洪举之女穆桂英所败。焦、孟请杨宗保助战，杨宗保被穆桂英擒去，孟放火烧山，又被穆桂英用分火扇将火扇回，焦、孟大败。

穆桂英爱慕杨宗保，以身相许。杨延昭为救儿子宗保，化名征剿穆柯寨，路遇穆洪举回山，将杨延昭杀败。穆桂英下山，将杨延昭打落马下。宗保赶到，喝破双方身份。杨延昭羞愧回营，深恨宗保，后有《辕门斩子》情节。

《穆柯寨》藏书票以将军罐青花瓷构图，表现了杨宗保骑马与穆桂英大战的画面。既是大战，应是杀气腾腾，杀机四伏，但两人皆未下杀手，只是摆了个花架子。在杨宗保眼里，阵前来了女娇娥，面带三分桃花色，一双明眸似秋波。他已心生爱慕，只想劝她马前归顺，弃暗投明保山河，怎忍心杀她。而在穆桂英眼里，这员小将真不错，威风凛凛似韦驮。她一心只想计擒杨宗保，"且喜得配意中人"。所以，这一场厮杀只能算是互生爱慕的男女间的试探。易阳准确把握人物性格心理，将他们面带春色、一见倾心的欣喜之情表现得恰到好处。

◆ 穆柯寨

易阳2017年作

身穿连衣裙的少女，右手持灯，左手护着灯罩，在黑夜中前行。下面是一本打开的书，上书"东方美术"。

易阳认为：铜版（凹版）画艺术拥有严谨的形式和开放式的语境，其材质的尖锐感及艺术形态背后所体现出来的冷逸品质，一直在世界美术长廊中闪动着奇异的光辉。铜版（凹版）藏书票是该艺术的派生门类，除涵盖铜版画艺术的技法、造型、线条、情韵、版制、印刷等诸要素之外，还具有独特的风格及鲜明的样式。

铜版藏书票的特性有：新奇的创意、巧妙的设计、流畅的线条、沉静的色调，加之造型的野逸与风格的雍容华丽或老辣等，都能带给观者强烈的艺术感染力，带来美的享受。铜版（凹版）藏书票的艺术魅力当然包括艺术家的风格化倾向。除此之外，还包括金属版画材质的尖锐美、构图章法美、写实意象美、技法丰富美和文学设计等几个方面。

《东方美术》藏书票集中体现了铜版藏书票的特性和艺术魅力。这是为《美术界》杂志主编阿年创作的一张藏书票，运用了铜版凹凸腐蚀法，在书的形式上借鉴印章之法，设计了"东方美术"四个汉字。从这张藏书票中可窥见易阳富有探索性的学术思考和不断累积的理论涵养。

◆ **东方美术**

易阳2001年作

吴熊：“集美”艺术开新境

箫声幽怨，或凄怆哀伤，或忧思惆怅。一位头戴儒巾身着长袍的书生受箫声吸引，在墙外伸颈向院内窥探。院内一红衫女子坐着埋头吹箫，一黄衫女子持纨扇侍立一旁。

《萦帘倚翠闻箫醉》藏书票的重点是“闻箫醉”。从书生躬身引颈、如痴如醉的听箫姿态看，他已然是沉醉其中。画面充满宋人情调，宋代词人喜欢写吹箫，如晏几道《浣溪沙》“夜凉闲捻彩箫吹”；《清平乐·春云绿处》“短箫吹落残梅”；《虞美人》“玉箫吹遍烟花路”；辛弃疾《满江红·敲碎离愁》“吹箫声断”；岳珂《满江红·小院深深》“秦楼声断吹箫侣”；张孝祥《浣溪沙》“我欲吹箫明月下”等。

宋人写吹箫是从唐人延续而来，唐代写箫最有名的诗是杜牧的《寄扬州韩绰判官》：“二十四桥明月夜，玉人何处教吹箫。”“闻箫醉”画意的铺陈，富有深厚的文化背景。

古代文学和戏剧中，才子佳人因乐音相互吸引、一见钟情的故事并不少。细细品鉴《萦帘倚翠闻箫醉》，令人想到古代戏剧《陈妙常》、昆曲《玉簪记》之《琴挑》：潘必正寄宿女贞观中，朗朗月夜，隐隐琴声，循声而去，发现小道姑陈妙常在操琴。一曲琴音系起情丝，二人于琴声中

◆ 紫帘倚翠闻箫醉

吴膑2019年作

互通心意，以琴探情……但陈妙常是弹琴，并未吹箫。

有人将《萦帘倚翠闻箫醉》藏书票中描绘的场景归于《西厢记》。《西厢记》中普救寺确有花园和院墙，张君瑞确与崔莺莺一墙之隔互相和诗，但莺莺并未弹琴，更未吹箫，只是在花园烧香。

可见，吴腆的《萦帘倚翠闻箫醉》藏书票并无特指哪部戏剧或哪部小说，他是将古代文学戏剧中的人物和场景集合于一画，经过艺术的取舍、提炼升华而成。你可以将它看成是某一部古代小说或戏剧中的情节，但又并不完全属于某一部作品。要根据画面按图索骥是困难的，因为这些藏书票是源于古典又超脱于古典的创新，是属于作者的艺术创作。

吴腆采取的是"集美"的艺术手法，他的铜版藏书票是"集美"艺术。所谓"集美"，就是按中国人的思维方式复合构思，集合同类事物中所有美好的事物，重新组合、创造一个新的事物。

如麒麟就是"集美"构成的产物，麒麟集合了鹿身、牛尾、马蹄（或狼蹄）、鱼鳞皮、龙头等动物最漂亮的局部，综合形成了麒麟这一祥瑞之兽，因其"最美"而成为美德的象征；龙也是"集美"的产物，集合了多个动物身上的美好特点：鹿角、牛头、虎眼、蟒身、鱼鳞、鹰爪，从而成为中华图腾。

吴脁的藏书票正是这样。他对笔者说："我把中国传统文化中的精华部分，如四大名著、古代戏剧、古代版画、绣像插图中的场景、才子佳人等，按照现代审美意识重新组合、设定，形成适合现代人审美的新的画面。"

或许，吴脁藏书票中的人物似曾相识，但并不能从古代绘画和版画图案中找到完全对应的画面，因为这是吴脁自己的创作，而不是简单的复制。似曾相识只能说吴脁对古代绘画研究的深入，已经完全融入他自己的艺术血脉之中，渗透到骨髓里，化为血肉，因此才能挥洒自如、游刃有余，哪怕信手拈来，也能出神入化。

《簌帘倚翠闻箫醉》等藏书票作为"集美"产物，一方面，富有中国传统文化的深厚底蕴，是中华古典文脉的延续和传承；另一方面，在艺术上，吴脁的铜版藏书票继承、实践和发扬了前人审美理念精髓，再现和光大了前人复合思维的"集美"艺术创作手法。

如果用两个字概括《苔翠月痕志自高》藏书票的艺术特点，那就是——精微。

从人物眉目的忧戚表情，到人物姿态的曼妙生动；从服装线条的流利婉转，到披肩飘带的吴带当风；从头饰到衣饰，颜色的深浅变化，乃至服装上的小花纹，都刻画得精细入微。

水中的波纹采取凹凸版，即中国传统木刻的拱花技法，凸显水波的立体感，更添趣致。

灵璧奇石通过线条的精到勾勒和明暗变化，表现出丰富的层次感。

水边树干颜色的深浅过渡、树叶的明暗错落，纤纤细竹、清秀竹叶与树叶形成对比，刻画一丝不苟，一枝一叶总关情。

凉亭的木杆木栏及亭中茶几，每一根纤巧的圆木，都透出宋时风尚的清雅与精细。

一些不经意的地方，也隐藏着精微的心思。藏书票拉丁文标识藏在庭前最不起眼的修竹之下。

要做到精微，就要花费更多的气力和心血，朝抵抗力最大的方向发展，精益求精，绝不敷衍，正是吴膑藏书票做到极致的保证。

◆ 苔翠月痕志自高

吴膑2019年作

《歌尽桃花觉春生》藏书票延续了吴腴艺术上的精微追求。精微到窗户上面每一个小木格都有双色表现光影的变化，精微到帘子中每一根丝线都精细如发。

庭前春花每一朵都生机勃勃。还有好多装饰性花纹，在仕女的长衫上，在屋子里面的幕帐上，悄然绽放，不经意是看不见的。细微地营造，方能感受到古意款款浸骨而来。

花儿苗然，人儿恹恹。歌尽桃花觉春生，桃花已谢，相思已老，心上的情郎在哪里？崔护的那首诗隐隐回荡："去年今日此门中，人面桃花相映红。人面不知何处去，桃花依旧笑春风。"

佳人慵倦，一位倚柱而立，一位对镜梳妆。如花的年龄，花比人美，还是人比花美？

花样年华，柔若无骨，满园春色关不住内心的春潮、相思的翅膀。

◆ 歌尽桃花觉春生

吴膑2019年作

"落红不是无情物，化作春泥更护花。"《落红缀》藏书票上，男子拱手躬身，对花祭拜。身边侍女手持一折子（或信函），门口一侍女手扶门环，一长袍男子带一童立墙角。画中五个人物，目光所向都是男子祭拜之处。

是有亲人埋葬在此？还是只是拜落红？这是一幅有故事、有情节的画，到底是什么故事并不重要，重要的是留有悬念，重要的是引人入胜。

"落红缀"见于苏轼《水龙吟·次韵章质夫杨花词》："不恨此花飞尽，恨西园，落红难缀。"苏轼于后又言："点点是离人泪。"

◆ 落红缀

吴膑2014年作

鉴赏吴腺的藏书票需要深厚的传统文化积淀。乍一看，每张藏书票都给人惊艳之感，给人极致的审美体验。然而，细细咀嚼，其中具体所指往往难解。犹如诗坛的朦胧诗，诗是好诗，就是说不出到底好在哪里。欣赏吴腺的藏书票就是这样，画是好画，画境画意也能理解，然而，深究具体画的是什么人、什么故事情节，就感到知识不够用，每每有望洋兴叹之感。

有文化的艺术家会走得更远，有哲学的艺术家则是对文化的超越，吴腺是有哲学的艺术家。哲学的终极问题就是人生问题，吴腺对笔者谈到他的"倚翠屏"等系列藏书票创作时说，他将人生分为四个阶段，创作时分为四个不同的主题，一是以女性为主，表现女子的修养；二是以男性为主，表现男性的人生修养；三是才子佳人，两情相悦；四是繁衍后代。

按照这样的划分标准，《豆蔻俏》藏书票是表现古代女子修养的，包括女红；《倚翠屏之三》藏书票是表现才子佳人两情相悦的，表现了男女主人公的相识、相知、相爱。

《落红缀》《豆蔻俏》《倚翠屏之三》《玉簟秋之十》这四张藏书票都创作于2014年，票幅相同，构图相同；都是采用竖式书卷形，上面两个弧形像一本打开的书；顶上采用中国传统拱花技法，以凹凸版印出素色龙

◆ **豆蔻俏**   ◆ **倚翠屏之三**

吴膑2014年作   吴膑2014年作

纹、花卉纹等，藏书票拉丁文字母巧妙置于其中；底下采用古籍中的鱼尾符，铅笔填写画名。

这组藏书票构图富有层次感，远山近水，近景、中景和远景层次分明。

人物是画面主体，背景为人物服务，意在以典型环境烘托典型人物，注重人物体态表情的形神兼备及各人物之间的对应联系。

色彩上以冷色为主，通常背景为冷色、深色，人物服装为暖色或浅色，深色背景表现出幽深的历史感。

艺术手法写实，以工笔画的严谨，一丝不苟地描物状人，所有人物、景物和植物，都清清楚楚一目了然，表现出画家扎实的写实功力。

艺术风格古朴而生动，深沉而娟秀，浑厚而雅致，凝重而清新，已形成传统绘画与现代审美完美交融、西方技法与东方韵味合二为一的独特的艺术风格。

艺术评论家董大可对吴膑的评论十分中肯："他很聪明，盯着'文化差异性'做文章。只用铜版画最传统的线腐和飞尘，在一版多色上玩极致。'西方人体+东方山水'是他屡试不爽的经典标配，深得国际同行与藏家的认可。在我的眼里，他更像是一位翻译：用西方喜爱的铜版艺术语言，推介东方的古典传统文化，创造出中西合璧的古、雅、美、趣。"

♦ **玉簪秋之十**

吴膑2014年作

宁积贤：水浒英雄生龙活虎

　　宁积贤的这组《水浒传》人物系列藏书票，或跃马横刀，或月白风清，撷取最具代表性的场景，进行写实性描绘，构图简约而丰富，色彩绚丽而凝重，风格清新而典雅。

　　每张藏书票画面上或配以蝴蝶，或配以月牙，或配以花草，起到对典型人物和经典故事的点染烘托作用。

◆ 积贤书票（一）　　◆ 积贤书票（二）

宁积贤作　　　　　　宁积贤作

朱荫能：表达古典表情的高手

　　朱荫能的"四大名著"系列藏书票分别选取林黛玉、关羽、武松、孙悟空等四个四大名著中的主要人物，描绘其最具典型性的情节动作。

　　这些典型动作都是大量画家表现过的，一般来说难出新意，但是在朱荫能富有创意的表现中，能看出他独特的风格。

　　藏书票背景以古籍封面构成，显得文雅端庄。艺术风格在继承中国民间传统绘画艺术的基础上，融入现代绘画艺术特色，色彩绚丽，典雅稳重，寓意深长，意味隽永，风格统一，或夸张变化，或简括粗犷，显得生动活泼，惹人喜爱，具有较高的艺术水准。

◆ 红楼梦   ◆ 三国演义

朱荫能1998年作   朱荫能1998年作

◆ 水浒

朱荫能1998年作

◆ 西游记

朱荫能作

　　朱荫能是表达古典表情的高手，他善于捕捉人物瞬间的眼神、表情和动作，表现人物的情感、心理及性格。特别是人物大大的眼睛，栩栩如生，富有强烈的感染力。

　　这六张戏出藏书票表现的场景富有概括性，读者不一定能一下子说出它们是哪一部古典戏剧中的场景，但可以肯定它们表现的是我们熟悉的某一戏出儿情节：两位打斗的男子来自《三岔口》；一对打伞在桥下行走的年轻恋人是《白蛇传》中的白娘子和许仙。

◆ 三岔口

◆ 白蛇传

朱荫能2000年作

朱荫能2001年作

邱德镜：泥塑版《西游记》

《邱东方藏书·孙悟空》藏书票中的猴子形象取材自"金猴奋起千钧棒"，创造性地表现了孙悟空的神态情状，手法稚拙，充满童趣和童真。

睁着一双傻乎乎的眼睛，微张着嘴巴，坐在地上，似是撒野，似在撒娇，憨厚中的狡黠，一点自以为是的小聪明的稚拙，邱德镜将《西游记》中猪八戒的形象特征表现得活灵活现。

骑在高头大马上的唐僧低眉垂眼，马的高大和唐僧的渺小形成对照，马的勃勃生命力映衬出唐僧的静穆。

邱德镜的三张《西游记》人物系列藏书票借鉴了民间泥塑表现手法，风格单纯、简洁、抽象。

◆ 邱东方藏书·
孙悟空

◆ 邱东方藏书·
猪八戒

◆ 邱东方藏书·
唐僧

邱德镜作　　　　　邱德镜作　　　　　邱德镜作

汪瀛：四大名著剪纸秀

《作涥读书》《作涥爱书》《作涥藏书》《作涥之书》……汪瀛的"四大名著"系列藏书票撷取各名著中的主要人物群像和场景，借鉴民间剪纸艺术手法，用刀果断而富有变化，线条有力，画面饱满，富有激情，人物形象夸张、生动，表情丰富，气氛渲染热烈。

◆ 作淳读书

◆ 作淳爱书

汪瀛1998年作

汪瀛1998年作

◆ **作淳藏书**　　　　　　　　◆ **作淳之书**

汪瀛1998年作　　　　　　　　汪瀛1998年作

◆ 中国古典四大名著

汪瀛1998年作

邵黎阳：动感传神

　　五十六个民族，是藏书票表现的系列主题之一，邵黎阳刻画的独龙族和怒族人民载歌载舞，堪称这一系列主题的代表作。

　　《钟付全藏书·独龙族》采取铜版画的干刻凹版手法，以细密的线条，表现了独龙族青年男女舞蹈的情景。动感的身姿、欢快的神情、阳刚与阴柔的对峙相融，态势优美自然，画面动感传神。黑白单色，更接近人物原生态的质朴本色。

　　《钟付全爱书》刻画一对男女青年情侣在丛林中追逐歌舞：女子在前面奔跑，脸上洋溢着欢乐的笑容；男子手持民族乐器，一边弹拨琴弦，一边在后面追赶，整个画面是满满的幸福和甜蜜。这张藏书票的色彩也颇具魅力，红色表现人物服饰，绿色表现树林，将大自然的蓬勃生机、人与自然相融的青春气息，表现得淋漓极致。

◆ 钟付全藏书·独龙族　　　　　　　◆ 钟付全爱书

邵黎阳2015年作　　　　　　　　　　邵黎阳作

金大鹏：东坡赏心乐事

滩头垂柳，淡绿色的枝条，淡蓝色的天空，黑色小舟浮在绿柳蓝天之间。线条勾勒出小舟和舟上人的倒影，晕染出水之清浅的诗行——

"疏影横斜水清浅，暗香浮动月黄昏。"宋人林逋在清浅中闻到了梅花的幽香；"客路青山外，行舟绿水前。"唐人王湾在青山绿水的行舟间感到了乡愁；苏东坡清溪行舟，"壬戌之秋，七月既望，苏子与客泛舟游于赤壁之下。清风徐来，水波不兴……"与客泛舟，把酒言欢，赏心乐事也。

《清溪浅水行舟》藏书票画面空灵中留有无穷的想象，线条简括中蕴有无限张力，两方红色的印章和藏书票拉丁文的布局，不经意间都充满了雅意。简单中的丰富，最耐人寻味。

◆ 清溪浅水行舟

金大鹏2021年作

"东坡友爱子由，而味着清境，每诵'宁知风雨夜，复此对床眠'"。苏轼、苏辙兄弟情深，《宋史·苏辙传》记载："辙与兄进退出处，无不相同，患难之中，友爱弥笃，无少怨尤，近古罕见。"

"宁知风雨夜，复此对床眠"出自唐人韦应物《示全真元常》，表达对友朋重逢的期待。苏辙读此，泪流满面，与兄长苏轼许下早退之约，"复此对床眠"。

画面中的此情此景，又使人想到白居易《雨中招张司业宿》诗句："能来同宿否？听雨对床眠。"

苏轼多想和弟弟苏辙欢聚畅谈啊，风雨凄凄，竹窗灯黄，温馨的灯光映照兄弟俩对谈的剪影。剪影淡淡，人生如寄，《微雨竹窗夜话》藏书票勾画的是梦幻般的情景。如果梦中的相会成为现实，该是一件多么美的赏心乐事！

无数诗人写到过苏东坡，同代诗人张九成写有《读东坡谪居三适辄次其韵·午窗坐睡》，其中有句："颓然北窗下，竹几休两手……荣辱漫纷纷，正梦那复受。有梦尚有思，无梦真无垢。"

与前画不同，在构图上《清溪浅水行舟》呈现的是空，《微雨竹窗夜话》呈现的是满。当空则空，当满则满，相由心生，画境即心境。

◆ 微雨竹窗夜话

金大鹏2021年作

酷暑难耐之时，走到溪边，在清凉溪水中洗洗脚，是何等惬意！

临溪濯足，似乎是文人共有的一种雅兴。宋都官郎中章甫《苏长公赏心十六事》中写道："濯足休夸万里流，但能涤暑便相投。直将无限炎威气，付与沧浪水面收。"

临溪濯足与沧浪之水的关联并非始于宋人，早在《孟子·离娄》中就有："沧浪之水清兮，可以濯吾缨；沧浪之水浊兮，可以濯吾足。"

苏东坡任杭州知府期间，曲高和寡，知音难觅，常去湖寺访僧，每每烦恼得解。《暑至临溪濯足》藏书票图中，赤脚东坡坐在溪边，双手支撑后仰身体，闭目养神，思接千载，好不沉醉。

◆ 暑至临溪濯足

金大鹏2021年作

在《雨后登楼看山》这张藏书票中，画中的东坡伏倚在望湖楼的木栏杆上，仰头要看雨后山峦。木刻画的水印晕散效果，恰切地表现了青山温润如洗，烟雾缭绕的雨后风景，背后的芭蕉叶亦给人水淋淋的感觉，令人想到了王维的《山居秋暝》："空山新雨后，天气晚来秋。"

画家很好地把握了苏东坡所喜欢的雨后青山的诗意。"水光潋滟晴方好，山色空蒙雨亦奇。""黑云翻墨未遮山，白雨跳珠乱入船。卷地风来忽吹散，望湖楼下水如天。"

苏东坡在杭州任上，疏浚西湖，河泥筑堤，堤上种柳。他常在堤上散步，风拂柳枝，湖光山色，神清气爽。《柳阴堤畔闲行》藏书票刻画的正是这一场景。

画面表现了东坡柳阴堤畔闲行的情景。一树柳枝倒垂，树旁东坡驻步凝思。画面上部一抹浅蓝，勾出水天之浩渺；左边藏书票拉丁文字母错落有致，如游人伴行。红印衬绿柳，蓝湖衬行人，色彩、布局，一切都恰到好处。

湖边漫步最易出诗，白居易《钱塘湖春行》："最爱湖东行不足，绿杨阴里白沙堤。"

◆ 雨后登楼看山　　　　　　　　◆ 柳阴堤畔闲行

金大鹏2021年作　　　　　　　　金大鹏2021年作

花坞无花，此花坞非桃花坞，亦非杏花坞、梅花坞，花坞是宋时名茶，陆游《兰亭道上》："兰亭酒美逢人醉，花坞茶新满市香。"自注："花坞，茶名。"

樽是喝酒的器物，晋陶渊明《归去来兮辞》："有酒盈樽。"唐李白《行路难》："金樽清酒斗十千。""樽前微笑"，笑着饮酒，是常见的画面，金大鹏画的东坡醉伏茶几，醉中微笑更为传神。

《花坞樽前微笑》藏书票画面中的酒壶倒了，酒杯落地，说明醉之快意。紫砂壶和茶杯在桌上，是对"花坞"的交代。喝茶饮酒，醉心一笑，岂不快哉。

饮茶读书的静夜，蓦然听到隔江山寺钟声，似被惊醒，睁一只眼闭一只眼，表情生动传神。令人想到张继《枫桥夜泊》："姑苏城外寒山寺，夜半钟声到客船。"

传说苏东坡参禅的诗句："稽首天中天，毫光照大千。八风吹不动，端坐紫金莲。"让书童送给江对岸的佛印和尚，佛印看后写了两个字："放屁"。东坡看后恼火，过江理论，佛印笑言："八风吹不动，一屁过江来。"

隔江山寺闻钟，引人遐思。对于苏东坡而言，别有一番滋味在心头。

◆ 花坞樽前微笑　　　　　　　　◆ 隔江山寺闻钟

金大鹏2021年作　　　　　　　　金大鹏2021年作

《午倦一方藤枕》藏书票刻画了苏东坡在藤床藤枕上午睡的睡姿。东坡《纵笔》："白头萧散满霜风，小阁藤床寄病容。报道先生春睡美，道人轻打五更钟。"

读书困了或喝酒微醉倦意袭来，头枕藤枕睡个午觉，不亦快哉！

陶谢即东晋诗人陶渊明和南北朝时期诗人谢灵运，一个是田园诗的代表，一个是山水诗的鼻祖，都是好饮之人。打开深埋多年的老酒，千万不能让陶渊明和谢灵运看到，否则东坡不够喝了。

其实，东坡是豁达大度的，哪能如此小气。况且陶谢都是他崇拜之人，"开瓮勿逢陶谢"说的是反语，好酒若能遇到早已作古的陶谢同饮，岂不快哉！正如东坡《西江月·送钱待制》所写："白发千茎相送，深杯百罚休辞。拍浮何用酒为池。我已为君德醉。"

"开瓮勿逢陶谢"语义俏皮，画家表现的画面亦俏皮，刻画苏东坡手捧一瓮密封老酒，扭首回眸，谐趣盎然。

◆ 午倦一方藤枕　　　　　　　◆ 开瓮勿逢陶谢

金大鹏2021年作　　　　　　金大鹏2021年作

接客不着衣冠是放达文人的习性。《世说新语·任诞》描述：刘伶恒纵酒放达，或脱衣裸形在屋中。人见讥之，伶曰："我以天地为栋宇，屋室为裈衣。诸君何为入我裈中？"

画中刻画的东坡上身赤裸，正如刘伶"脱衣裸形在屋中"。东坡与好友交谈可以不着衣冠畅所欲言，与俗人相见更可以不拘礼节，"上可陪玉皇大帝，下可陪卑田院乞儿。"画家刻画他手持蒲扇，随意仰卧，睁一眼闭一眼，表现了苏东坡不拘小节、睥睨万物的个性。

苏东坡爱花，写了无数咏花诗，有梨花、桃花、杏花、菊花等，其中描述海棠花的诗文尤多，如《海棠》："东风袅袅泛崇光，香雾空蒙月转廊。只恐夜深花睡去，故烧高烛照红妆。"《记游定惠院》文："黄州定惠院东小山上，有海棠一株，特繁茂。每岁盛开，必携客置酒。"还有："寓居定惠院之东，杂花满山，有海棠一株，土人不知贵也。"

"乞得名花盛开"之"乞"，取意贾岛《早春题友人湖上新居》："每逢晴暖日，惟见乞花栽。"爱花人惜花，小心伺候，花儿绽放之时，便是赏心乐事！

◆ 接客不着衣冠

◆ 乞得名花盛开

金大鹏2021年作

金大鹏2021年作

"家禽"意为儿子谦称，清孙枝蔚《留别钱退山》诗："家禽实逊神童慧，凡鸟翻蒙长者怜。""飞来家禽自语"指儿子第一次开口说话。画面是父亲陪同稚儿读书，父亲端坐在小儿身边，眼睛盯着小儿所读之书，怜爱之情溢满画面。为人父母，看着孩子成长，不亦乐乎！

东坡诗《汲江煎茶》："活水还须活火煮，自临钓石取深清。大瓢贮月归春瓮，小杓分江入夜瓶。"这正是"客至汲泉烹茶"的写照。

《客至汲泉烹茶》藏书票刻画的场景是客人来了主人用泉水煮茶招待，恰如贾岛《原东居喜唐温琪频至》描述："汲井尝泉味，听钟问寺名。墨研秋日雨，茶试老僧铛。"主客品茗谈心，不亦乐乎！

◆ 飞来家禽自语　　　　　　　◆ 客至汲泉烹茶

金大鹏2021年作　　　　　　　金大鹏2021年作

《列子·汤问》描述伯牙善鼓琴，钟子期善听。伯牙鼓琴，志在高山。钟子期曰："善哉！峨峨兮若泰山！"志在流水，钟子期曰："善哉！洋洋兮若江河！"伯牙所念，钟子期必得之。

东坡有诗："高情闲处任君弹，幽梦来时与子眠。""若言琴上有琴声，放在匣中何不鸣？若言声在指头上，何不于君指上听？"伯牙与子期高山流水觅知音，苏东坡向往若有知音听琴，不亦快哉！

金大鹏创作的"东坡赏心十六事"系列藏书票（篇幅所限，书中只收录14幅），构图充满睿智，画面富有设计感。线条简单而高度概括，如人物正面的鼻子都是一根长竖线；嘴巴和眉毛都是一根短横线；眼睛多是一弯月牙儿似的弧线，少量睁开的双眼或单眼也是简括而传神的；下巴多是三角形，胡子也是三角胡。画面基本没有繁缛的背景，一壶一杯一书一扇一山，一切都刚刚好，犹如丰子恺的绘画，稚拙纯朴，清新淡雅，每一张都透出古典的趣味。

"东坡赏心十六事"系列藏书票，配上钱建忠（九三学社上海市文化委员会书画院书画师）的印、徐兵（上海市银行博物馆馆员，上海金融书法家协会理事）的书法，可谓珠联璧合，相得益彰。

"沪上三友"合作的"东坡赏心十六事"，成为2021沪上艺术界的一大盛事，也是当代藏书票界的一个佳话。

◆ **抚琴听者知音**

金大鹏2021年作

王昆：富有哲学意味

　　《美与丑》藏书票的票主是荷兰收藏家乔斯夫妇，此票和王昆大多数藏书票一样，采用黑白凸版（双色版）。

　　这是一张有哲学意味的藏书票。作品意为展现美与丑不过一线之隔，其实并无大的不同。人与人之间也并无大的分别。

　　王昆的这张藏书票，将对美与丑的思考化为笔下刀尖的双面人，或同一个人的两副面孔，或同一面孔的两面性，这是哲学思维在艺术上的犀利表现。

◆ **美与丑**

王昆2010年作

《朱利安·约尔丹诺夫肖像》藏书票是为保加利亚版画家朱利安·约尔丹诺夫创作的，展现作者对这位版画家作品的喜爱和崇拜之情。

关于这张藏书票，王昆对笔者描述了一个故事："记得在2008年北京第三十二届国际藏书票双年展交换活动时，我还是个初出茅庐的小学生，作品幼稚，技术也有待提高。我带着我的作品去，非常想得到国外艺术家的教诲并且能够交换到他们的作品。"

当时大部分艺术家看了王昆的作品都拒绝交换，王昆有点灰心，后来已经不抱什么希望了。就在这时，他碰到了保加利亚版画家朱利安·约尔丹诺夫——第三十二届国际藏书票双年展金奖获得者。

王昆只是单纯地想最后试一下，鼓起勇气将自己的藏书票递给朱利安·约尔丹诺夫，希望能够交换他的作品。没想到朱利安·约尔丹诺夫很认真地一页一页翻看起来，他对王昆微笑着，毫不犹豫地将三枚精美作品送给他。

王昆感到非常意外，十分兴奋，他还和朱利安·约尔丹诺夫拍了合影。从此，王昆就开始关注朱利安·约尔丹诺夫的所有作品，也从中学到了很多技巧。

这枚藏书票是王昆特意为朱利安·约尔丹诺夫创作的，作为曾经给予自己鼓励的纪念，也是对他友好谦逊态度的致敬。

◆ 朱利安·约尔丹诺夫肖像

王昆2010年作

　　《福尔摩斯》藏书票取材自世界侦探经典小说，以小说中的大侦探福尔摩斯为背景创作。两边翘起的山羊胡，挺拔的鼻梁，充满探究和智慧的大眼睛，画家以绘画艺术中写实的手法刻画了福尔摩斯肖像，突出了人物的个性特点。

　　人物手中打开的书的封面上刻印"福尔摩斯"四字，显然这是流传深远的《福尔摩斯探案集》，巧妙地点明肖像人物的身份。

◆ 福尔摩斯

王昆2010年作

"伎乐"是指在露天演出的音乐舞蹈剧，作品以敦煌壁画所绘乐伎为背景创作。

《伎乐》是"中国敦煌壁画系列"其中之一，所绘伎乐是敦煌艺术的主要组成部分，规模巨大，技艺精湛。敦煌壁画的内容丰富多彩，大都是描绘神的形象、神的活动、神与神的关系、神与人的关系。王昆这张《伎乐》藏书票的创作初衷源于对敦煌壁画中精湛艺术的崇拜，对其栩栩如生的人物完美的线条描绘的热爱，以及对敦煌壁画的美艳绝伦的色彩的欣赏。这些无价的艺术给予他源源不断的创作灵感。

《考亭书院》线条更加细密，构图更加清晰明朗，粗犷与阴柔的融合更加融洽，意象从纷繁走向单纯，该作获得2013中国朱子文化藏书票专题展优秀藏书票奖。

◆ **伎乐**　　　　　　　　　　◆ **考亭书院**

王昆作于2010年　　　　　　　王昆作于2017年

　　王昆对神魔小说《西游记》情有独钟，创作了多张有关这一题材的藏书票作品，其中这张《紧箍咒》是他《西游记》系列藏书票的代表作。

◆ 紧箍咒

王昆2016年作

陆放：生动谐趣

　　《西游记》中的主角孙悟空是很多画家表现的题材，但陆放的这张《孙悟空》藏书票，仍有独到之处。

　　陆放采取他惯用的头像大特写，使小画幅也有吸人眼球的点。画面采取红黄黑三色，勾勒出猴王生动谐趣、机智俏皮的面部表情，拟人化的手法刻画出孙悟空活灵活现的艺术形象。

　　构图上，孙悟空的胸前阴刻一小猴，高高翘起的尾巴，红红的小脸，显得格外可爱。小猴的一边是"西湖陆"篆刻印章，一边是干支纪年"甲申"二字。甲申表示2004年为猴年，布局饱满而不显臃肿杂乱。孙悟空桃形脸与手中仙桃对应，仙桃又与小猴桃形红脸相对应。

　　孙悟空着戏服，戴戏帽，手持仙桃，表明这是《蟠桃会》或《大闹天宫》之戏剧形象。

　　甲申年刻画猴图，表示这是一张贺年藏书票。

◆ 孙悟空

陆放2004年作

　　陆放创作的戏剧人物表情形象的根在中国传统戏剧脸谱，这组藏书票以戏曲脸谱作为素材，再对戏曲脸谱加以抽象、夸张和提炼，既注重脸谱谱式与人物性格的吻合，又注重人物表情的动感传神，可谓摹其形而求其神。故而他的脸谱藏书票已超越了戏曲脸谱的艺术界限，线条繁密而神秘，色彩绚丽而斑斓，令人目不暇接。

　　杭州西湖银泰艺术廊曾举办"脸谱——陆放版画展"，展品主要为陆放以戏曲脸谱为题材的藏书票作品。二十多名6—15岁的青少年，跟随陆放学习脸谱系列版画藏书票的制作，共同制作一幅脸谱版画藏书票。

　　谈到戏剧脸谱藏书票，陆放说："我主要立足中国本土，取材中国最具特色的东西。戏剧脸谱就是中国最有艺术特色的，也是世界上最漂亮的脸谱。昆山昆曲是我喜欢的戏剧，所以我抓住最能代表中国传统文化的脸谱，创作了这样一批脸谱藏书票。"

◆ 任英杰藏　　　　◆ 郭献文藏书　　　　　◆ 牧观藏

陆放2007年作　　　　陆放2012年作　　　　陆放2011年作

　　这五张"戏剧旦角"系列藏书票是陆放戏剧人物藏书票的代表作，也堪称中国戏剧人物藏书票的重要作品。

　　五张藏书票只取人物头像特写，但不是脸谱，也不是简单的人物肖像，还有丰富多彩的戏剧头饰和服饰领口。头饰服饰的线条丰富，衬托面容线条之简约单纯。美丽姣好的容貌，给人留下深刻印象，带来美的享受。

　　传神是这五张戏剧旦角藏书票的魅力所在，是通过眼神和嘴唇表达的。《戏剧旦角（一）》，俯视旁睨带着探寻和凝思的表情，紧抿的嘴唇平和雍容，头上的凤钗更增添了高贵的气质。《戏剧旦角（二）》中的戏剧旦角圆睁双眸，透出讶异惊奇，微微张开的嘴唇，带有质询之意，但明眸皓齿的人物造型，给人以惊艳的视觉感受。

　　这五张戏剧旦角人物面部的传神特写，胜过戏剧人物全身的曼妙姿态，而要创作出优秀的人物特写，则需要非凡的艺术功力。笔者曾询问，这几张旦角藏书票中的戏剧人物是谁。陆放笑言，没有具体所指，他是观看戏剧时获得灵感，根据观看戏剧时的印象构思，创作时并未考虑何戏何人。由此可见，这组藏书票中的人物造型是陆放根据自己所见而想象出来的。或许，不拘泥于哪出戏剧哪个人物，更能发挥天马行空的想象力，由具象到抽象，创作出这套绝佳藏书票。

◆ 戏剧旦角（一）　　　　◆ 戏剧旦角（二）

陆放2012年作　　　　　陆放2012年作

◆ **戏剧旦角（三）**　　　　　◆ **戏剧旦角（四）**

陆放2013年作　　　　　　　陆放2021年作

◆ 戏剧旦角（五）

陆放2021年作

　　陆放创作的下面这几张"戏剧脸谱"系列藏书票用色艳而不浮，奇中有秀。

　　戏剧脸谱其实是中国戏曲演员上台表演时脸上的妆容，可以说是在脸上的绘画作品，它是舞台演出的化妆造型艺术。脸谱艺术是中国戏曲独有的，不同于其他国家任何戏剧的化妆。因此，戏剧脸谱受到海外人士的喜爱。陆放的这几张"戏剧脸谱"藏书票就是为外国友人创作的，提炼脸谱之魂，凝聚脸谱之神，弘扬了国粹，传播了中国传统文化，获得了海内外藏书票爱好者的高度赞赏。

◆ **戏剧脸谱（一）** ◆ **戏剧脸谱（二）**

陆放1992年作 陆放1992年作

邵克萍：臻入化境

　　邵克萍创作的"戏剧脸谱"系列藏书票刀法老道，风格朴茂，色彩绚丽而不失凝重，人物情态逼真，个性鲜明，其艺术造诣已臻入化境。

◆ **戏剧脸谱（一）**　　◆ **戏剧脸谱（二）**　　◆ **戏剧脸谱（三）**

邵克萍作　　　　　　邵克萍作　　　　　　邵克萍作

赵方军：细腻的长胡须

赵方军的"戏剧脸谱"系列藏书票注重底色的运用和长胡须的细腻处理，以氛围的造势凸显脸谱艺术的文化底蕴，色彩艳丽而不俗，线条准确到位，形象稳重，风格鲜明。

◆ **戏剧脸谱（一）**　　◆ **戏剧脸谱（二）**　　◆ **戏剧脸谱（三）**

赵方军1999年作　　赵方军1999年作　　赵方军1999年作

葛剑涉：圆之韵

　　葛剑涉的《剑涉珍存》藏书票以黄色为底色，以黑色为主色调，将脸谱作圆形处理，突出了传统文化崇尚"圆"的特点。

◆ 剑涉珍存

葛剑涉1999年作

魏振宝：作家与脸谱

魏振宝采用戏剧脸谱的形式，为当代著名文学家创作了系列藏书票，茅盾、曹禺、巴金、冰心……一个个当代文学史上的名作家，在魏振宝的藏书票艺术中和京剧脸谱融为一体。画家善于捕捉戏出儿人物外貌的特点，将外貌的形似和内在气质的神似结合，达到形神兼备的艺术效果。

◆ 茅盾珍藏　　　　　　　　◆ 曹禺藏书

魏振宝1995年作　　　　　　魏振宝1995年作

◆ 巴金藏书

魏振宝1995年作

◆ 冰心书票

魏振宝1995年作

杨忠义：仕女图

杨忠义创作的"永乐宫仕女"系列藏书票中色彩艳而不俗，刀法细腻，风格端庄雅致，人物栩栩如生，有极高的审美价值和观赏性。

◆ **永乐宫仕女（一）**　　　　◆ **永乐宫仕女（二）**

杨忠义1989年作　　　　　　杨忠义1989年作

张家瑞：吴带当风

借鉴敦煌壁画艺术、吸收中国古代艺术品的构图、借鉴古代佛像造型，从而在张家瑞的藏书票中形成了一个系列，如《桂焕珍藏》《内田晶子之书》《木版基金会藏）（一）》《木版基金会藏（二）》等，都是该系列的代表作。

"反弹箜篌"是敦煌壁画中的一个代表性画面，《桂焕珍藏》以此构图。张家瑞创作这一藏书票前，有一出舞剧——《丝路花雨》风靡中国，其主角英娘表演的主要舞蹈就是"反弹箜篌"。这张藏书票借鉴敦煌壁画和舞剧《丝路花雨》，以挥洒自如的刀法，欢快飞扬的线条，将这一经典画面刻画得栩栩如生。

《内田晶子之书》刻画了古代乐女吹笛的情形，线条自由而有规律，令人想起"吴带当风，曹衣出水"，具有吴道子笔势圆转、衣纹飘举的风格，表现出端庄丰沛、雍容华贵的盛唐气象。

◆ **桂焕珍藏**　　　　　　　　　◆ **内田晶子之书**

张家瑞 1997年作　　　　　　　　张家瑞 2000年作

两张"木版基金会藏"藏书票取材敦煌壁画，每张以双人飞天构图，两张图中三个飞天人物手中都有一件乐器，一个飞天人物手持莲花。云中霓裳飘舞，星花随风浮动，使人仿佛听到了仙境中的悠扬乐声，祥瑞之气扑面而来。作者以娴熟的艺术技法，表现出吴带当风之美。

◆ 木版基金会藏（一）　　◆ 木版基金会藏（二）

张家瑞1997年作　　　　　张家瑞1997年作

《沐雨楼主仁恺之书》《盛京沐雨楼主藏书》是张家瑞为文博专家、书画鉴赏大师杨仁恺创作的两张藏书票，分别取材自《虢国夫人游春图》和《簪花仕女图》，这两张国宝级的古画，都是杨仁恺抢救回来的。

两张藏书票不是简单复制画中主图，而是采用富有中国传统文化特色的古色古香的底纹、卷轴，点缀汉代瓦当，辅以篆书，使两幅世界名画显得更加优雅珍贵。《沐雨楼主仁恺之书》藏书票中的放大镜更是神来之笔，令人想象出杨仁恺手持放大镜鉴赏"清宫藏宝"的情景。放大镜的把柄上镌刻藏书票的拉丁文标识，这一安排十分巧妙。画面布局煞费苦心，又显得自然和谐，一气呵成。

◆ 沐雨楼主仁恺之书

张家瑞2005年作

关于《沐雨楼主仁恺之书》《盛京沐雨楼主藏书》这两张藏书票的创作缘起，说来话长。一天，书法家程与天将《滕王阁序》和《岳阳楼记》"八分"隶书慷慨馈赠给张家瑞，张家瑞应邀为其刻了两张卷首木刻。事有凑巧，杨仁恺见到这岳阳楼书画联璧的长卷后，写了一篇长跋："友人张家瑞先生国内著名画家也，兼工木刻，为艺苑所赞许……"获此珍贵墨宝，张家瑞又惊又喜，感念不已。一次，看电视播放《大家杨仁恺》，突发奇想：该为杨仁恺先生创作张藏书票！

在《宽厚待人　春风常在——我与杨仁恺先生二三事》一文中，张家瑞回忆了当时的创作构想："想到先生慧眼识珠，抢救流散在民间的百余件历代书画善本图笺，成就卓越，品德崇高，我便选用了仁恺先生抢救的两张国宝名画的局部来作藏书票。"

两张书票作好后，张家瑞冒雪驱车特地赶赴沈阳，将书票作为年礼送到杨仁恺手上。杨仁恺看后极为高兴，提笔写道："张家瑞先生新书票唐人仕女可珍也。"

◆ 盛京沐雨楼主藏书

张家瑞2005年作

冀荣德：动静和谐之美

　　《付全藏书》《忠义藏书》藏书票采用套色木刻技法，表现少数民族青年男女载歌载舞的画面。图中两位男子半蹲着，手持弹拨乐器和长鼓，为舞蹈女子深情伴奏；女子围绕男子手舞足蹈，身姿曼妙呈S形，满面娇羞，含情脉脉地看着为她伴奏的男子，画面欢快，充满喜乐。

　　木刻技法上多用直线，运刀长驱直入，犀利凌厉，干净利索。刚性的线条，刻画似水柔情，刚柔相济，表现作者运用自如的娴熟技法。

　　冀荣德说他在书票中最想追求的是某种情景与意境的和谐，如人物的造型既有动感又要有静态的美感，色彩尽力统一协调。"华丽、律动、飘逸、沉稳、和谐等因素都是我最想得到的效果，自然不能说自己能够做到，但也仅仅是自己期望追求的一种要求而已。"可以说这两张藏书票，体现了他的艺术追求。

◆ 付全藏书   ◆ 忠义藏书

冀荣德2015年作   冀荣德2015年作

冀荣德在2003年和2013年创作了一组古典女子奏乐的藏书票，在构图风格上一脉相承。如《才旺的书》藏书票画面上是一位持笛女子，坐于古籍书页中，仰首眺望，似在期盼什么，又似乎渴望挣脱宫中的寂寞。承载四书五经的古籍书页中的一根根线条，或许是一道道枷锁，那么，女子振翅欲飞的心灵，似欲挣脱千年的禁锢与束缚。如果收敛想象，仅仅是以审美的视觉，我们欣赏到的是书卷气中的古典美。

冀荣德对古典美女的表现有独特的审美视角，这源自他对女性地位的深入思考。他曾在文中写道：从古代墓穴由匠人们在石头上镌刻的侍女画像到敦煌寺庙墙壁上绘制的飞天，再至盛唐时期留下来的描绘宫廷妃女们的绢画，都是在倾诉着对女性的约束以及女性被作为观赏对象的悲惨命运。这些作品既有着风情雅逸浪漫审美的要求，也表现出对女性某种变态畸形的迫害，还有三从四德苛刻的限制和束缚。在今天开放与时尚潮流的审美影响下，我们对历史源头梳理的同时会更多地了解那个时代的故事。

《才旺的书》等乐女题材藏书票，正是冀荣德对女性历史源头梳理和对女性艺术探索的结晶。

◆ 源文藏书　　　　　◆ 才旺的书

冀荣德2013年作　　　　　冀荣德2013年作

冀荣德于1996年创作的这组藏书票是一组表现戏剧人物的藏书票。他借鉴剪纸艺术的构图，以简括的线条，将人物姿态神情刻画得栩栩如生。

民间美术是艺术的沃土，大艺术家往往从民间美术中吸取养分，在冀荣德的作品中，我们可以看到他对民间美术的厚爱。

冀荣德创作的藏书票植根传统文化和民间美术的土壤，追求民族风格和中国气派，技法上线条犀利，刚柔相济，充满行云流水的灵气。

◆ 老冉藏书

◆ 必展藏存

冀荣德1996年作

冀荣德1996年作

◆ 郁田珍藏

冀荣德1996年作

◆ 山丹惜书

冀荣德1996年作

王维德：动感的山花

2001年，王维德创作了一组山花系列藏书票，该组藏书票共八张，每张画面为一人一花，白描人物，均为宁夏特色的文艺体育活动，背景是一朵花卉的民间剪纸。

该组藏书票为木刻两版油印套色，加上红色（或绿色、咖色）的"XX书票"、咖啡色（或绿色、蓝色等）藏书票拉丁文标志"EXLIBRIS"，每张四版四色（个别为三版三色），每张画幅规格为8cmX8cm，各限印100张。

这八张藏书票的票主依次为：王印泉、郭玉秀、王维德、王贵、王虹、王曦、王弄、王维德。

山花系列之一《印泉藏书·山花》藏书票——山里盛开着一种山花，山丹丹花，也叫野百合花；"山花儿"也是回族人喜爱唱的山歌。

山花系列之二《玉秀藏书·窗花》藏书票——逢年过节剪贴窗花，是农村常见的事，画面设计采用民间剪纸元素，底纹为剪纸牡丹，人物衣饰头巾采用剪纸图案。票主名及边框处理成一面四格小窗户，正好用于贴窗花。

◆ 印泉藏书·山花

◆ 玉秀藏书·窗花

王维德2001年作

王维德2001年作

　　山花系列之三《维德藏书·数花》藏书票——"数花"是宁夏回族地区的一种民间说唱艺术形式，表演者手执拍板，边舞边唱。衬花是荷花，通常也是说唱内容之一。

　　山花系列之四《王贵书票·扇舞》藏书票——扇子舞是汉族舞蹈。衬花为梅花，舞蹈轻松欢快，民间有取梅花谐音"喜上眉梢"之说，寓意吉祥。

◆ **维德藏书·数花**   ◆ **王贵书票·扇舞**

王维德2001年作   王维德2001年作

山花系列之五《王虹书票·跑驴》藏书票——"跑驴"是民间社火中的一种舞蹈样式，通常是表演小媳妇骑着毛驴回娘家的情形。社火多是在春节前后举行的文娱活动，因之底纹为迎春花。

山花系列之六《王曦藏书·口弦》藏书票——"口弦"是回族妇女闲时在一起娱乐和交流的一种文娱形式，采用一种竹制的小乐器，拉动弦索，通过口中的气流而发声。衬底为菊花。

◆ 王虹书票·跑驴　　　　　　　　　◆ 王曦藏书·口弦

王维德2001年作　　　　　　　　　王维德2001年作

山花系列之七《王弄书票·喇叭》藏书票——喇叭，为民间器乐，是作为庆典、红白喜事的必备乐器。底衬喇叭花，亦名牵牛花。这张藏书票的票主为王弄，制作时漏印"王弄"之名，亦可作为通用书票。

山花系列之八《维德书票·舞剑》藏书票——宁夏武术特别是回族武术声誉很高，画面表现了回族老人舞剑的英姿。衬底为玉兰花。

◆ 王弄书票·喇叭　　　　　◆ 维德书票·舞剑

王维德2001年作　　　　　王维德2001年作

张克勤：摇曳生姿

一束聚光从上而下，衬托出舞蹈女子的身体剪影，曲线优美的舞姿给人以美的享受。红色和橙色相叠的两颗心飘然而下，这是心灵之舞，充满了对心心相印的美好渴望和追求。

《舞蹈》藏书票的构图别具匠心，聚光灯纵向将画面分割为不规则的三块，色彩对比清晰，巧妙地凸显了舞蹈者妙曼的舞姿。艳丽的油彩使这张纸质藏书票具有麻面油画的效果。

《念冰珍藏》藏书票是一张票中票，主票为戏剧演员的肖像和头饰，并刻有藏书票拉丁文标识，置于画面上部。背景图为精细的古典木雕窗户，下面刻有"世纪纪念"四字。

透过老式的窗口，一个世纪的历史云烟悄然散去，一切归于沉寂和平静；眼睛是心灵的窗户，透过图中女演员展望前方的大大的眼睛，我们看到了深情、期待、希望和美好。

这张藏书票创作于1999年，表达了作者对即将逝去的20世纪的怀念及对新世纪期盼的心情。

◆ 舞蹈　　　　　　　　　　　◆ 念冰珍藏

张克勤2003年作　　　　　　　　张克勤1999年作

　　张克勤对戏剧人物题材情有独钟，创作了多张戏剧人物藏书票，其中《侯宇藏书·八珍汤》藏书票堪称他戏剧人物藏书票的代表作。

　　这是张克勤为著名京剧老旦演员侯宇创作的一张藏书票。侯宇出生于梨园世家，3岁起学习京剧。1995年，不到10岁的侯宇获"燕京杯"京剧大赛一等奖。2006年，18岁的侯宇毕业于中国戏曲学院，后加入北京京剧院青年团。2009年获戏曲红梅金奖。2012年，获中国戏曲学院MFA艺术硕士学位，同年获第七届CCTV青年京剧大奖赛银奖。2014年，成功举办"李鸣岩、赵葆秀收徒侯宇五周年，携徒演出专场"，剧目为《遇后·龙袍》《八珍汤》。

　　侯宇被称为"最美老旦"，《八珍汤》是她演了十余年的代表作之一。

　　《八珍汤》这出剧目情感丰富细腻，对演员情感表达能力与舞台感觉有着极高的要求。侯宇深得老师真传，为剧中经典人物做了精彩的演绎，屡受好评。

　　《侯宇藏书·八珍汤》藏书票的左上角写有"南方演出二秀京剧经典八珍汤"，主图是侯宇满面春风的姣美面庞，左下为侯宇表演京剧《八珍汤》中的角色造型。画面丰满，人物传神。

◆ 侯宇藏书·八珍汤

张克勤作

◆ 冠华藏书·姹紫嫣红

张克勤2017年作

◆ **戏剧人物（一）**　　　　◆ **戏剧人物（二）**

张克勤2002年作　　　　　张克勤2002年作

　　《甫球之书》藏书票色彩多而不乱，鲜艳夺目，富有层次感。舞蹈人物摇曳多姿，富有动感。画面上的青年男子一边弹琴，一边追逐妙曼女子倾诉衷情，而女子面露羞涩，似拒还迎，生动表现了男女的两情相悦、柔情蜜意。

◆ 甫球之书

张克勤2018年作

蔡金章：水墨戏中人

　　蔡金章擅长以写意国画风格创作戏剧人物藏书票，其中"生旦净丑"系列是他戏剧藏书票中的代表作。

　　"生、旦、净、丑"是中国京剧中的主要角色，蔡金章的藏书票选取这四个典型角色的典型动作——小生作揖、大旦水袖、净角走马、丑角戏谑进行创作，各自动作神态准确到位，生动传神。

　　在人物形象的塑造上，蔡金章突出了中国京剧以少胜多、以简胜繁的神韵。生旦只见眉眼，不见口鼻；净角和丑角面貌完整，简约中显丰富。

　　在技法上，蔡金章将水墨画的追求用在水印木版画上，大写意中有一二精致之描绘，有一二刚劲之线条，得晕染之妙，用色浓烈，笔致含蓄，层次分明，得韵外之致。

◆ 立川书屋・生　　　　◆ 一峰之书・旦

蔡金章作　　　　　　　　　　蔡金章作

◆ 岭雪珍藏·净　　　◆ 丁仵书票·丑

蔡金章作　　　　　　蔡金章作

◆ **亚章藏书**   ◆ **自生之书**

蔡金章作   蔡金章作

张艺：木刻水印脸谱

　　张艺的水印套色木刻人物脸谱系列藏书票画面中，人物丰满润泽，雍容大度，气韵饱满，具有盛唐气象。

◆ **宇丹存书（一）**　　◆ **宇丹存书（二）**　　　　◆ **大汉存书**

张艺1998年作　　　　张艺1998年作　　　　　张艺1998年作

谢竞：清雅霓裳

　　谢竞创作的戏剧人物系列藏书票，和她创作的古典女子藏书票有一脉相承的神韵，风格清雅流丽，有极高的观赏性和审美价值。

　　谢竞创作的藏书票在业内常常获得高度评价。藏书票艺术家何鸣芳评论说："谢竞老师在艺术上大胆而成功的整合，为我们带来了全新的审美体验，实在是一件让人兴奋和喜悦的事情。这种成功不仅仅属于谢竞老师个人，也属于中国藏书票，是谢竞老师对于中国藏书票美学的一种贡献！"

◆ 水泉之书（一）

谢竞1999年作

◆ 水泉之书（二）　　　◆ 水泉之书（三）

谢竞2001年作　　　　　谢竞2001年作

◆ 水泉之书（四）　　　　　◆ 水泉之书（五）

谢竞2003年作　　　　　　谢竞2003年作

琴棋书画皆是诗，在李清照生活过的泉水畔，才会浇灌出既美丽又有才情的女子，才会浇灌出她们头上戴的艳阳般开放的荷花。

她们清水出芙蓉的模样，在李清照的诗中，在谢竞的画里，可望而不可即。

谢竞的藏书票中除了很多儿童题材，还有古典女子和戏剧人物，她创作的"历下书屋"系列四张书票，表现了四个美丽而又有才情的女子清水出芙蓉的模样。

◆ 历下书屋（一）　　　　◆ 历下书屋（二）

谢竞1996年作　　　　　　　谢竞1996年作

"历下书屋"系列藏书票采用混合技法，将现代电脑技术与古典木刻融为一体，风格清雅，有极高的观赏性和审美价值。

收藏鉴赏情趣有时就是收藏过程中的一种意外发现。早在1997年，笔者收藏到谢竞这套"历下书屋"四张书票，其清水出芙蓉的画面当时就深深地吸引了我。

过了几天，我再拿出来欣赏，原来纯白色的纸张发生了微妙的变化。又过了几天，再拿出来看时，白色的纸张竟变成了赭黄色！

这种颜色的变化使得这套藏书票更加增添了古雅的韵致。

纸张颜色的微妙变化也使得我的收藏更加情趣盎然，她给我留下了许多疑问：到底是她在纸张上涂了某种化学原料呢，还是纸张因气候的变化而变化？这种变化是自然的，还是人为的？

至今我也没有问谢竞。然而，这种奇妙的颜色变化带给了我无限的收藏情趣。这种收藏情趣是只有收藏者才能真正体会到的。

◆ 历下书屋（三）　　　　　◆ 历下书屋（四）

谢竞1995年作　　　　　　　谢竞1996年作

　　谢竞的丝网版作品总是令人赏心悦目，清秀的面容、飘舞的霓裳、环绕的云彩、优美的弧线凝结成一种雅致。

◆ 仙女贺年

谢竞2003年作

刘硕仁：脸谱之眼

邮票设计家刘硕仁的藏书票大多采用邮票小型张的处理方式，打有齿孔，《刘氏藏》是极少的非邮票小型张的作品。

藏书票艺术家刻画脸谱通常都是完整的脸谱，刘硕仁创作的这张脸谱藏书票打破常规，只露出了大半个脸。或许正因为这样，人物的眼睛就更加突出，更加有吸引力。这也是这张采用麻胶版技法刻印的藏书票的独到之处。

◆ 刘氏藏

刘硕仁2001年作

张丰泉：盛唐气韵

张丰泉创作的藏书票，偏爱对古典文化和古代艺术的描摹和表现。他创作的这组藏书票，是中国古代琴棋书画文化生活的再现，洋溢着古代仕女的盛唐气韵。

◆ **澄子藏书·弹琴**

张丰泉1997年作

◆ 玺璋之藏书·吹箫

张丰泉1998年作

张丰泉2000年作

胡冰：空谷幽兰

胡冰的一组表现佛教人物吹奏音乐的藏书票线条流畅，刀法老道，风格高古、空灵、神秘。

尤其是乐曲声音的表现，或以流风般的缥缈，表现箫声的如泣如诉、惊天地泣鬼神。

或以星星点点的花卉水光，表现箫声高雅脱俗如空谷幽兰的诗意。

或以飞鸟翔集的背景，表现乐曲如平沙落雁的梦幻境界。

作者对音乐有深刻理解和兴趣，想象奇特，意象丰富。

◆ 一千藏书 ◆ 佛音

胡冰作 胡冰作

魏泽菘：纵情弹奏

　　魏泽菘的《顾伟藏书》藏书票表现了一个少女弹奏电吉他的情景。太阳、飞鸟、水草表现了音乐源于自然、归于自然，音乐将人们带入博大浩茫的世界。

　　飘逸的头发表现了音乐的美妙和演奏者的沉醉，少女裙子上的五线谱富有装饰效果。在头发、水草、人体线条上，都是采用双线暗影效果，精致典雅。

◆ **顾伟藏书**

魏泽菘1998年作

高山：琴上的笑脸

　　高山的《侯荻藏书》藏书票匠心独具，在小提琴上刻

制出小孩儿的眼睛和嘴，暗示其票主孩童般的童心。设计

别致，构图精美。

高山1995年作

秦国君：马头琴的深情

深情地投入，如泣如诉，将感情融入琴声中，生命、爱和性灵被琴声抚慰，一个马背上的民族经历铁马金戈风驰雷奔之后，竟也有如此温柔的情怀。

粗犷的手指，在琴弦上演奏大海般深沉的爱。

斑斑点点的背景，如水波的记忆，或者斑驳的梦境，展开无限空灵悠远的时空，将思绪带入苍茫。

只有生长在内蒙古草原的艺术家，才能如此生动传神地表达那种马背上成长的民族精神。《马头琴》藏书票的作者秦国君正是内蒙古人。

◆ 马头琴

秦国君2000年作

李山楼：戏曲人生

李山楼创作的表现戏曲人物的系列藏书票，线条或清秀或粗犷，寥寥数笔，勾勒出人物个性，表现出概括力极强的造型能力。其中《山楼藏书（一）》，刻画了一个戴毡帽男子（或男孩）吹奏笛子的形象，深情而专注。

李山楼的《山楼藏书（二）》藏书票，完美地刻画了常见的一种脸谱造型，在周边散落的色块中，阴刻"山楼藏书"和藏书票拉丁字母，点缀和丰富了脸谱图案。这张脸谱藏书票体现了中国传统文化中"圆"的哲学。

◆ 山楼藏书（一）　　　　　◆ 山楼藏书（二）

李山楼作　　　　　　　　　　李山楼作

◆ 岩藏书

李山楼作

◆ **李岩藏书**

李山楼作

蒋志伊：芦笙舞

以演奏芦笙为主题的藏书票《志伊藏书》，表现了少数民族边吹奏边跳舞的情景，生动传神。

◆ 志伊藏书

蒋志伊作

刘佳：舞蹈之美

　　刘佳创作的《刘佳藏书》藏书票以阴刻和阳刻融为一体的手法，表现了舞蹈之美。人物比例准确，错落有致，层次分明，有透视感。

◆ **刘佳藏书**

刘佳1998年作

陈剑辉：双人舞

陈剑辉的《双人舞》藏书票中，以简洁的色彩处理、优美的线条，表现了人体的曲线之美。

◆ 双人舞

陈剑辉作

毕崇庆：剪纸手法

　　毕崇庆创作的这套藏书票以剪纸画为表现手法，刻画歌舞人物时采取漏印技法，使剪纸版画具有了石刻或砖刻的浑厚效果，民俗气息浓郁，人物的音容笑貌跃然纸上。

◆ 崇庆书室珍藏　　　　　　　　　◆ 崇庆藏

毕崇庆作　　　　　　　　　　　毕崇庆作

◆ 崇庆书票（一）

毕崇庆作

◆ 崇庆书票（二）

毕崇庆作

侯金利：剪花娘子

　　侯金利的这两张藏书票运刀自如、准确、果断，刀法清新、明净、劲爽。藏书票以古书的一页作为人物画的背景，像画框一样将人物画镶嵌在其中，而古书上的文字正是关于剪纸的介绍，突出了藏书票的特色。这一系列构图相同的剪纸藏书票共有10张，形成了侯金利独特的艺术风格和构图特色。

◆ 老十藏书（之六）　　　◆ 老十藏书（之十）

侯金利1998年作　　　　　　侯金利1998年作

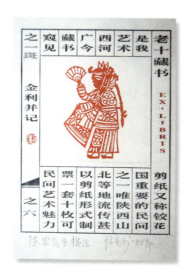

李凌：朴茂浓艳

李凌的戏剧藏书票线条朴茂，色彩浓艳而和谐，人物动作神情浑然一体。《李凌藏书》藏书票是一张有独特个人风格的藏书票。

◆ 李凌藏书

李凌1998年作

余多瑞：平实的戏韵

余多瑞的《郁田藏书》藏书票色淡意丰，平实简朴的

风格中透出幽雅的情致。

◆ **郁田藏书**

余多瑞1998年作

刘琛：神秘双人舞

刘琛的《双人舞》藏书票抽象、神秘，既具古典传统，又富有现代气息。

◆ **双人舞**

刘琛1999年作

刘晓东：阅读图

《游学者》藏书票刻画了一位身着短袖短衫的文艺女青年，坐在自行车上看报纸。她身背双肩包，一脚着地支撑自行车，一脚踏在自行车踏板上，似乎随时就要骑走，表现了当代生活的快节奏。画家注重描绘她双手捧着报纸阅读的画面，把她专注而认真的神态刻画得栩栩如生。画面展现的当代游学者的精神风貌与古人读万卷书行万里路的精神理念是一脉相承的。

◆ *游学者*

刘晓东2016年作

书桌上堆满了书，《电子时代》藏书票刻画了一个女青年坐在电脑前或查阅资料，或是用电脑学习、写作和绘画，甚至可能是用电脑设计创作藏书票的场景，表现了电子时代学习方式和创作方式的改变。

刘晓东喜欢表现阅读的画面，读报、读书、电子阅读，都是他善于表达的对象。其中《共读》藏书票的刻画尤其精心，骑车人骑行到古老的院落门前，将自行车停放在门前。两人坐在院门前的台阶上，共读一张当天的报纸，抑或是一本杂志。人物很小，院门很大，背景是郁郁葱葱的绿树，在喧闹都市的一角。有如此幽静的读书处，是画家的虚构，还是慧眼独具的发现？

这张藏书票的构图看似中规中矩，但层次清晰，色块分明，刀法变化丰富，却有规律可循：墙上的斜线与门上的竖线相对应；门楼屋顶上的黑瓦短横线与院墙上的檐顶竖线对应；院内绿色树木以点组成的块与竖线块对应，点线交织互衬，令人目不暇接。这种对应的艺术逻辑，使画面变得丰富多彩，耐人寻味。

◆ 电子时代　　　　　　　　　　◆ 共读

刘晓东2015年作　　　　　　　　刘晓东作

《我的书·玉子》《晓东藏书》两张藏书票都是以书为主体表现。《我的书·玉子》刻画了一只狮子坐在书上，表现动物与书的关系——其实还是人与书的关系。

《晓东藏书》藏书票向我们展示了一双手捧着一本书，书中是一颗心，表现的也是人与书的关系——读书贵在用心。

◆ **我的书·玉子**　　　　　　　　　◆ **晓东藏书**

刘晓东作　　　　　　　　　　　　　刘晓东作

《攻读》藏书票可以当成大版画来欣赏。小小的藏书票画幅，刻画一两本书尚可，可《攻读》这张藏书票的画面上一本本厚厚的图书堆积如山，书山的后面是一个伏案苦读的戴眼镜的男子。是科研工作者在攻关，是学者在卷帙浩繁的书海中畅游，还是学子为高考或考研备战？这张藏书票令人想起了"书山有路勤为径，学海无涯苦作舟"的古谚。或许，这正是作者要表达的主题。

◆ **攻读**

刘晓东作

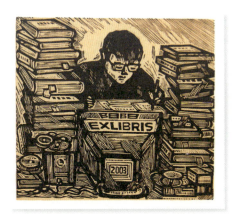

王金旭：朴拙灵秀

王金旭的这张砖刻书票取材于屈原《离骚》中《山鬼》篇的诗意。骑虎山鬼自由不拘，与自然融为一体，在山林中餐花饮露，所过之处，抛撒的鲜花纷纷飘落。

王金旭创作的多张砖刻藏书票都具有徐州汉画像石和成都砖刻风格，浑然天成，朴拙中透出灵秀。

王金旭1999年作

梁冰：成语故事

《梁冰藏书·安居乐业》《梁冰藏书·按图索骥》
《梁冰藏书·抱瓮灌畦》《梁冰藏书·毛遂自荐》《梁
冰藏书·安步当车》……梁冰的成语系列藏书票构图简
洁，别出心裁，在木版上刻制出剪纸的效果，大俗大雅。

◆ 梁冰藏书·安居乐业　　◆ 梁冰藏书·按图索骥

梁冰1998年作　　　　　　梁冰1998年作

◆ 梁冰藏书·抱瓮灌畦

梁冰1998年作

◆ 梁冰藏书·毛遂自荐　　　◆ 梁冰藏书·安步当车

梁冰1998年作　　　　　　　梁冰1998年作

杨宝琳：绢丝上的谚语

《杨宝琳藏书·一日之计在于晨》《杨宝琳藏书·一年之计在于春》《杨宝琳藏书·一生之计在于勤》《杨宝琳藏书·一家之计在于和》，这些藏书票是杨宝琳以版画的形式，在带有图案的绢丝上表现的中国古代谚语，显得古朴协调，别具创意。

◆ 杨宝琳藏书 ·
　一日之计在于晨

◆ 杨宝琳藏书 ·
　一年之计在于春

杨宝琳作

杨宝琳作

◆ 杨宝琳藏书·
一生之计在于勤

杨宝琳作

◆ 杨宝琳藏书 ·
一家之计在于和

杨宝琳作

张一才：黑旋风李逵

张一才以《水浒传》人物李逵为内容的藏书票，以黑白木刻表现了李逵的威武不屈、爱憎分明、刚正不阿、刚强粗犷的性格，生动传神。

◆ **无畏藏书**

张一才1997年作

聂雁龙：谐趣《西游记》

聂雁龙创作了两套《西游记》系列藏书票，"系列之一"为横幅，"系列之二"为竖幅。这两套《西游记》藏书票采用绝版套色木刻技法制作。

其中《老孙的书·〈西游记〉系列之一》于2018年荣获"意大利第9届博迪奥洛姆纳戈国际藏书票展"评委团提名奖。

◆ 老孙的书·《西游记》系列之一

聂雁龙2017年作

　　"《西游记》系列之一"藏书票采取横式构图，聂雁龙将每个人物的典型造型都与书联系起来。孙悟空吹一根毫毛就能一变百变千万，画中的孙悟空吹一口气卷起无数的书，在空中汇成书的旋流；猪八戒背媳妇的动作，在画中变成了猪八戒背书；沙僧禅杖挑行李的动作，在画中变成了禅杖挑一捆书；而四人中最有文化的师父唐僧，骑在高头大马上优哉游哉，一本书都没有，是否寓意"腹有诗书气自华"？

◆ 雁龙珍藏·《西游记》系列之一（一）

聂雁龙2017年作

◆ 雁龙珍藏·《西游记》系列之一（二）

聂雁龙2017年作

◆ 雁龙珍藏·《西游记》系列之一（三）

聂雁龙2017年作

　　"《西游记》系列之二"系列藏书票采取竖式构图，书中的四位主角每个人都在读书，只是神态不同：孙悟空一边看书一边以手挠头，显然他遇到费解的难题了，读书对于活蹦乱跳、天不怕地不怕的他还真是有点儿为难；猪八戒面对一大本书吹胡子瞪眼，他已不是为难，而是痛苦不堪；沙僧手持一本书，肩挑行李边走边读，似已悟出知识改变命运的道理；唐僧在一棵大树下席地而坐，双手合十，恭敬读书念经。

　　两组以《西游记》为主题的系列藏书票，人物造型准确，完全贴合各自性格特征，在夸张、谐趣、俏皮中表现了作者的幽默感。

◆ 大圣的书·《西游记》 系列之二（一）

◆ 大圣的书·《西游记》 系列之二（二）

聂雁龙2017年作

聂雁龙2018年作

◆ 大圣的书·《西游记》系列之二（三）

聂雁龙2020年作

◆ 大圣的书·《西游记》
系列之二（四）

聂雁龙2021年作

吕仲寰：远古射猎场景

吕仲寰创作的这两张藏书票描绘了战斗场面和射猎场景，营造出群舞的画面感，将人们带到古朴的原始社会的生活氛围中。

◆ **吕铮之书**　　　　　　　　　◆ **江东之书**

吕仲寰1998年作　　　　　　　　　吕仲寰1995年作

任树起：砖雕戏剧人物

　　任树起擅长砖雕，他的很多藏书票作品都是采用砖雕技法。《穆桂英》藏书票是他的砖雕藏书票代表作之一。藏书票上的穆桂英京剧扮相，左手持剑，右手举鞭，眉眼俏丽间透出女中豪杰的气概，刻画出穆桂英英姿飒爽、柔中有刚的女将风度。右边令旗上一个宋体"令"字，映衬着穆桂英的风姿，又与左边长方框印章款的"穆桂英"篆书相呼应，使得小小的画面更显饱满而灵动。

◆ **穆桂英**

任树起1999年作

周志清：砖刻书法史

　　2020年到2022年，周志清创作了砖刻拓印古文字系列藏书票，采用陶砾文字、甲骨文、汉魏碑帖等著名古文字，总括为书法之源系列，构成了一套中国古文字发展史和书法发展史的画卷。

　　《陶砾存古蕴》是书法之源系列藏书票的第一张，藏书票上"延祥藏书"字样表明票主是周志清就读于天津美术学院时的老师沈延祥。"书法之源"系列藏书票的票主几乎都是沈延祥，表明了周志清对老师的爱戴和致敬。

　　藏书票上的古文字为陶砾文字，即刻写在陶器上的文字，所谓陶砾就是陶器的碎片。彩陶图案对应黑底白字，古文古物神采奕奕。

　　《甲骨卜天地》的画面从下面黑色渐变为赭色的背景，衬托中间的黄色甲骨文更显金贵。画面上的文字全部为甲骨文，包括最上面的"沈延祥藏书票"几个字也是按照甲骨文的样式设计的。古人用龟甲占卜，又用甲骨文纪事，主要用来记录占卜之事，画面上方的一排人物似在战斗，而战争正是甲骨文常常记载的题材。

◆ 陶砾存古蕴　　　　　　　　◆ 甲骨卜天地

周志清2022年作　　　　　　　周志清2020年作

《碑简籍汉史（一）》构图颇具匠心，中间是汉代篆字。汉代的篆字和秦代篆字不同，字迹平正，横竖都采用直线。画面两边的边缘有两个小小的人形，一个是伏羲，一个为女娲，伏羲举着双手托住天；女娲蛇身，攀缘而上。

上面两个圆圈是日月。古人认为太阳是三足乌，故在里面刻了一只鸟。月亮里面则是蟾蜍。

《碑简籍汉史（二）》是一张表现汉简的藏书票，中间竖立两排汉简。汉简就是在竹片上写的字，"延祥爱书"也是模仿汉简。两匹马阴刻阳刻错落，出自汉画像石形象。

《碑简籍汉史（三）》图中书隶书"石门颂""高祖受命"。《石门颂》是汉隶著名碑帖。

左上汉代瓦当，瓦当上四字凸起"永受嘉福"书体似当时的装饰美术字。"永受嘉福"意为永远幸福美好。

《碑简籍汉史（四）》小小画面容纳了三个著名汉碑，左边画面为一个人和一匹马，是汉代后期画像石图案。

◆ 碑简籍汉史（一）　　　　◆ 碑简籍汉史（二）

周志清2022年作　　　　　　周志清2022年作

◆ 碑简籍汉史（三）

周志清2022年作

◆ **碑简籍汉史（四）**

周志清2022年作

楷书又称真书、正书，字体端正规范，堪称楷模。《佛光照楷模（一）》图中四字为楷体，中间图是飞天。飞天飘飞的衣袂渐变金黄色，犹如佛光闪现。佛光在楷书中出现，寓意"佛光照楷模"。

《佛光照楷模（二）》藏书票图中是一立佛，背景上的文字全是楷书。谈到这张藏书票，周志清对笔者说："'佛光照楷模'，所谓楷模，就是楷书的模本、模范。我研究书法，楷书早期的发展很可能与佛教在中国的传播与发展有关，佛经大量采用楷书。"图上的楷书出自龙门石窟。

《金石写春秋》藏书票的文字为石鼓文。石鼓文是先秦时期的刻石文字，因其刻石外形似鼓而得名。民国时期艺术大师吴昌硕专研石鼓文，写得一手石鼓文好字。

周志清认为石鼓文为春秋时期文字，故名为"金石写春秋"。"春秋"应还有另一重含义，代表岁月、历史，"金石写春秋"的题名亦具有更加博大深厚的寓意。

◆ **佛光照楷模（一）**　◆ **佛光照楷模（二）**　　　◆ **金石写春秋**

周志清2022年作　　　　周志清2022年作　　　　周志清2021年作

高华：朴拙脸谱

高华笔下的人物脸谱线条朴拙。他创作的藏书票在小
巧玲珑的画幅中容纳着丰富的禅意。

◆ **高华书票**　　　　　　　　　◆ **献国藏**

高华作　　　　　　　　　　高华作

韩志翔：蓝印花布风

这套丝网版技法制作的藏书票，取材自南通地区蓝印花布，纹饰细密繁复，色彩和谐悦目，富有浓郁的民族风情和中国气派。

蓝印花布全国各地都有，然而江苏南通地区最为流行，其艺术表现也最为丰富。1999年，在北京民族文化宫举办的"中国南通蓝印花布艺术展"盛况空前。

1998年，第七届全国藏书票大展在深圳举行，韩志翔的这组蓝印花布系列藏书票入选，引起观众极大兴趣。

◆ 袁勇珍藏　　　　　　　　　◆ 丁壮书屋

韩志翔1998年作　　　　　　　　韩志翔1998年作

◆ 华林爱书

韩志翔1998年作

◆ 建新的书　　　　　　　　　◆ 树堂书斋

韩志翔1998年作　　　　　　　韩志翔1998年作

洪广明：俗语书法

　　洪广明于1999年创作了一批"俗语书法"系列藏书票，这一藏书票系列中的书法文字，与书票中的图案相吻合，形成了独具特色的洪广明书法系列藏书票。

　　牛——"勤憨朴真善，为百姓之特点"。蓑衣——"风再大，雨再大，蓑衣抵挡"。锄头——"地再多，土再硬，锄头也能翻它个身"。斗笠——"不管风吹雨打，斗笠遮挡"。

　　洪广明的书法系列藏书票还有很多，简洁的图案，配以通俗的书法文字，使藏书票显得大俗大雅。

◆ 牛　　　　　　　　　　　　◆ 蓑衣

洪广明1999年作　　　　　　　　洪广明1999年作

◆ 锄头

洪广明1999年作

洪广明1999年作

段光忠：红烛颂

这张藏书票采用铜版画技法刻画了一只燃烧的蜡烛，色彩处理颇具特色：渐变的底色向上由深变浅，由冷色变暖色，表现了黑暗中蜡烛的色彩变化。夜是黑的，作者却以大幅面的红色替代黑色，用超现实的手法表现红烛主题，使得画面洋溢着浪漫主义色彩。

蜡烛和光焰采用黄色表现，四射的光芒更是采用黄色的有规律排列的长斜线和断断续续的虚线表现，给人一种金光闪闪的感觉。画面既温馨又激昂，引人无限遐想——红烛是燃烧的泪，如李商隐《无题》诗中的"蜡炬成灰泪始干"。

红烛是无私奉献的象征，如无数作家和诗人以红烛为喻，歌颂教师燃烧自己点亮他人，还有人在作品中用红烛象征甘为他人作嫁衣裳的无名英雄——编辑……总之，红烛是对默默奉献者的颂歌。

还有更博大的爱——中国当代著名诗人闻一多的诗集《红烛》，用红烛象征诗人的赤子之心，用燃烧为世界创造光明。

◆ 红烛·光忠藏

段光忠1989年作

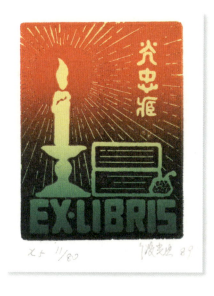

陈雅丹：烛照人生

陈雅丹的《未名书库》藏书票中红烛是书和知识的象征：在黑暗中，红烛照亮了道路，书籍照亮了人生。

◆ 未名书库

陈雅丹1999年作

龙开朗：点亮心中的灯

　　有的读书人和书店经理会用红烛命名书斋和书店。如贵州大学旁胡金龙为大学生开办的书店就叫"红烛书屋"。胡金龙还经常资助举办藏书票展览、讲座等活动。贵州藏书票艺术家龙开朗专门为"红烛书屋"制作了这张藏书票——《点亮那心中的灯·红烛书屋》。

　　以红烛为主题的藏书票还有贺敬才的《贺敬才藏书票》、周富德的《桂兰藏书》、管殿武的《殿武藏书》、林君的《林君藏书》等，虽是同一题材、同一主题，但艺术风格迥异，各逞其妙。

◆ 点亮那心中的灯·红烛书屋

龙开朗1998年作

许英武：让人物活起来

《赵兵藏书》藏书票是张描绘少数民族男女双人舞的藏书票。一如许英武恒定的创作风格，这张藏书票上，男子伸展双臂，犹如雄鹰展翅，张开怀抱；女子欲语还休，低眉垂首，如羞答答的玫瑰。许英武并没有对人物表情精细化刻画，但通过动作和身姿，人物的关系已交代得清清楚楚，人物的性格、情感、微妙心理都坦露无遗。

◆ **赵兵藏书**

许英武2018年作

于文雅：欢乐的舞蹈

看不到五官，但感受得到人物乐观欢快的心情。于文雅创造的藏书票以更加简括的写意方式，将两对少数民族舞者刻画得动感传神。

◆ 文雅（藏书）

◆ 小三珍藏

于文雅1988年作

于文雅1988年作

瞿安钧：打起手鼓跳起舞

男子打起手鼓，女子翩翩起舞……在《郁田藏书》这张藏书票中，瞿安钧以柔美的线条表现舞者的身姿，呈现出妙曼的傣族舞蹈之美。

张翔：雕塑般造型

张翔在他的《双人舞》藏书票中捕捉住了最精彩的舞蹈瞬间，定格了男女舞者充满感情的肢体动作。其精准的造型能力，油画般丰富的层次感，使这张小小藏书票具有了雕塑般的艺术魅力。

◆ 双人舞

张翔2013年作

袁利君：随太阳起舞

　　木版藏书票大色块的应用，刻印出纸版的效果。优美的舞姿，舞进了金色的太阳。单纯而明亮的色彩，组合出丰富的审美感受。

◆ **丽君藏书**

袁利君1998年作

瞿蔚：童趣杂技

　　戴着尖尖帽子的杂技团小丑站在大大的皮球上，皮球在跷跷板上滚动，这是儿童喜欢的杂技表演。瞿蔚用儿童的眼光看世界，将杂技团表演场地的背景勾勒得丰富多彩，而又主次分明。

◆ 瞿蔚藏书（一）　　　　◆ 瞿蔚藏书（二）

瞿蔚2003年作　　　　　瞿蔚2003年作

施锦升：古琴高雅

施锦升对古琴题材的藏书票创作情有独钟，除了这三张"古乐器"系列，他创作的"韵"系列也是以古琴为题材，获得第十六届全国藏书票暨小版画艺术展最佳藏书票作品奖。

为什么施锦升对古琴藏书票创作乐此不疲呢？他说，古琴又称"琴、瑶琴、玉琴和七弦琴"，是中国最古老的弹拨乐器，被称为"国乐之父"。琴是中国古代文化地位很高的乐器，位列中国传统文化四艺"琴棋书画"之首，被文人视为高雅的代表。琴音深沉旷远，能让人降躁静心，感到和平泰然的气象，体验内心的祥和喜乐；琴乐的洁净精微，能让人感发心志，排遣幽愤，化导不平之气，升华心灵意境。

施锦升的三张"古乐器"系列藏书票采用丝网版技法，光影焕然，颗粒细腻，圆形构图体现了天圆地方的传统文化思想，文字棋谱为背景，凸显古琴之澄澈高雅。

◆ 古乐器（一）　　◆ 古乐器（二）　　◆ 古乐器（三）

施锦升2016年作　　施锦升2016年作　　施锦升2016年作

梁淑祯：形色面具

藏书票艺术家梁淑祯迷恋面具题材，她在20世纪90年代创作的"面具"系列藏书票，融汇中西面具艺术的特点，表现了面具这一特殊艺术形式丰富的文化内涵。

已知世界上最古老的面具实物是公元前7000的石面具，由法国巴黎圣经与圣地博物馆收藏。早期面具产生于远古人类的狩猎活动，猎人用面具把自己装扮成动物以便于近处猎获动物。后来面具用于祭祀活动，进而演变为戏曲表演，至今仍用于娱乐活动，面具也是儿童喜欢的玩具之一。

我国是面具流行时间最长的国家之一，至今一些少数民族地区仍流行木雕面具，这些面具也是艺术品和收藏品。梁淑祯的"面具"系列藏书票每张七个面具，或笑或哭，或开心或愤怒，或喜悦或愁苦，呈现人类的喜怒哀乐，千姿百态。每张藏书票上的七个面具都表情各异，表现了画家高度概括的造型能力。

◆ 面具（一）

◆ 面具（二）

梁淑祯1995年作

◆ 面具（三）

梁淑祯1995年作

蔡欣：南通草龙

南通是风筝的故乡之一，自古盛行放风筝。南通风筝是南通传统手工艺品之一。南通草龙的制作也借鉴了风筝工艺的特色。蔡欣以此为题材，创作了这张由《西游记》人物脸谱构成的南通草龙风筝藏书票。

票主是中国藏书票研究会第一任会长、中央美院教授梁栋先生。梁栋喜欢民间美术，其藏书票亦多取材于民间美术。

◆ 梁栋之藏

蔡欣作

段光辉：以书为题

段光辉创作的《树荣珍藏之书》《幼泉存书》都是
以书籍为题材的藏书票，采用锌凸版制作。其中《幼泉存
书》上的一本线装书《梧桐阁》，书脊线悠然飘向上方，
形成藏书票的拉丁文字母，别具巧思。票主平幼泉是一位
藏书票收藏家，自费创办藏书票民刊《梧桐阁》。段光辉
创作这张藏书票，将《梧桐阁》汇成一书，也算是对平幼
泉痴心藏书票的一种敬佩。

◆ **树荣珍藏之书**　　　　　　◆ **幼泉存书**

段光辉1994年作　　　　　　段光辉1998年作

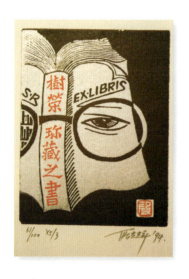

赵志方：情系民间艺术

民间花灯和木雕脸谱都是民间艺术。赵志方任《人民日报》美编时就喜欢民间艺术，常常将其引入藏书票创作。《海地文库》《海地书屋》就是这类藏书票的代表作。尽管这是他的藏书票中相对较为简单的图案，但仍可看出他高超的造型能力和娴熟的木刻技法。

◆ **海地文库**　　　　　　　　　◆ **海地书屋**

赵志方1998年作　　　　　　　　赵志方1998年作

邓勇：脸谱系列

　　邓勇的三张脸谱系列藏书票，两张黑白，一张彩色。但无论是否套色，都可看出，作者的处理方法既古典又现代，具有实验性和探索性。这种融汇古今的探索，使他的这套藏书票具有鲜明的个性风格。

◆ 邓勇藏书（一）

邓勇1998年作

◆ 邓勇藏书（二）

邓勇1998年作

◆ 邓勇藏书（三）

邓勇1998年作

舒惠芳：明代小说和戏剧

　　这组藏书票表现的都是明代小说和戏剧中的人物故事，采用木刻形式刻印，每一张上面都有画名。这是明代小说书籍中插图的格式：将小说中典型环境中的典型人物刻印成画面，使小说阅读起来更直观和形象。如今，将这些图案刻印成藏书票，正是书香代代相传的见证。

　　《霍小玉巧拾紫箫》表现的是明代汤显祖的《紫箫记》（全名《李十郎紫箫记》）中的人物故事。

　　《园中幽会》藏书票表现的是明代姚茂良的《双忠记》（全名《张巡许远双忠记》）中的人物故事。

　　《王商别妻去求试》藏书票表现的是明代郑若庸的《玉玦记》。

　　《臧氏得报脱难》藏书票表现明代张凤翼的《祝发记》中的人物故事。

　　《金山大王救拔周羽》藏书票表现的是明代王錂改的的《寻亲记》（全名《周羽教子寻亲记》）中的人物故事。

　　《赵义行医遇敬德病》藏书票表现的是明代的《金貂记》（全名《薛平辽金貂记》，作者不可考）中的人物故事。

◆ 霍小玉巧拾紫箫　　　　　　　　◆ 园中幽会

舒惠芳2012年作　　　　　　　　舒惠芳2012年作

◆ **王商别妻去求试**　　　　　　　◆ **臧氏得报脱难**

舒惠芳2012年作　　　　　　　　　　舒惠芳2012年作

◆ **金山大王救拔周羽**　　　　　◆ **赵义行医遇敬德病**

舒惠芳2012年作　　　　　　　　舒惠芳2012年作

《弃子负姑》藏书票表现的是明代叶良表的《分金

记》（全名《管鲍分金记》）中的人物故事。

◆ 弃子负姑

舒惠芳2012年作

陈瑀：明代文学故事

　　《芦林相会》《安安看晒稻》藏书票表现的是，明代陈罴斋的《跃鲤记》（全名《姜诗跃鲤记》）中的人物故事。

　　《五娘至府》《对镜梳妆》藏书票表现的是元代高明的《琵琶记》中的人物故事。

　　《风神雪神降风雪》藏书票表现的是明代《升仙记》（全名《韩湘子九度文公升仙记》）中的人物故事。

◆ 芦林相会　　　　　　　　◆ 安安看晒稻

陈瑀2012年作　　　　　　　　陈瑀2012年作

◆ **五娘至府**　　　　　　　◆ **对镜梳妆**

陈瑀2012年作　　　　　　　陈瑀2012年作

◆ 风神雪神降风雪

陈瑀2012年作

沈泓：明代文学经典

在收藏、研究藏书票的过程中，笔者也开始尝试制作藏书票。根据明代小说、戏剧、传奇及木版画、绣像插图等，整理设计明代文学系列藏书票，印制了这一系列木版藏书票。这批藏书票曾在珠海市图书馆、珠海市展览馆以"传承经典——舒惠芳沈泓藏书票艺术展"为主题展出，吸引了大量观众，产生了较大的影响。

《癸灵庙王商同妓设誓》《王商同妓游西湖》藏书票表现明代郑若庸的《玉玦记》中的人物故事。

《牛氏诘邕》藏书票表现元代高明的《琵琶记》中的人物故事。

《法场枭（枭）首》藏书票表现明代罗懋登的《香山记》（全名《观世音修行香山记》）中的人物故事。

《兄妹游军》《瑞兰自叙》藏书票表现明代《月亭记》（又名《拜月亭记》《幽闺记》）中的人物故事。

《窥妻祝香》藏书票表现明代传奇《绨袍记》（全名《范睢绨袍记》）中的人物故事。

◆ 癸灵庙王商
　　同妓设誓

◆ 王商同妓
　　游西湖

◆ 牛氏诘邕

沈泓2012年作　　　　沈泓2012年作　　　　沈泓2012年作

◆ 法场枭（枭）首　　◆ 兄妹游军　　　◆ 瑞兰自叙

沈泓2012年作　　　沈泓2012年作　　　沈泓2012年作

◆ **窺妻祝香**　　　　　◆ **途遇天神**

沈泓2012年作　　　　沈泓2012年作

《途遇天神》藏书票表现明代《鹦鹉记》（全名《苏英皇后鹦鹉记》）中的人物故事。

《知人》《救弟》《进贤》《识天》《赴死》藏书票表现汉刘向撰、明茅坤补（一说明解缙等撰）的《古今列女传》中的人物故事。

《出郊打猎》《庆赏元宵》《公孙死节》藏书票表现明代《赵氏孤儿记》中的人物故事。

《霍小玉红亭送夫》藏书票表现明代汤显祖的《紫箫记》（全名《李十郎紫箫记》）中的人物故事。

《文秀祭扫何氏先茔》藏书票表现明代心一山人的《玉钗记》（全名《何文秀玉钗记》）中的人物故事。

◆ 知人

沈泓2012年作

◆ 救弟

沈泓2012年作

◆ 进贤

沈泓2012年作

◆ 识天

◆ 赴死

沈泓2012年作

沈泓2012年作

◆ 出郊打猎

◆ 庆赏元宵

沈泓2012年作

沈泓2012年作

◆ 公孙死节

沈泓2012年作

◆ 霍小玉红亭送夫　　　◆ 文秀祭扫何氏先茔

沈泓2012年作　　　　　　沈泓2012年作

钱良图：与众不同的脸谱

这组"脸谱"系列藏书票有的非常小，这不是戏剧脸谱，也不是祭祀用的脸谱面具，而是钱良图凭空想象的独创。有的图案他加了金粉、银粉，使得小小藏书票有了金碧辉煌的感觉。总之，钱良图是一个有创造性的藏书票艺术家，创造了这个只属于他个人的题材领域，形成了独特的艺术风格。

◆ **脸谱（一）**　　　　　　◆ **脸谱（二）**

钱良图1999年作　　　　　　钱良图1999年作

◆ 脸谱（三）　　　　　　◆ 脸谱（四）

钱良图1999年作　　　　　　钱良图1999年作

◆ 脸谱（五）

钱良图2001年作

甘畅：吞食时间的恶魔

《张天藏书》藏书票是甘畅为当时在北京读书的女儿创作的一张藏书票。书上的脸谱形象狰狞可怖，张牙舞爪，似乎是吞食时间的恶魔，仿佛在说："抓紧时间读书吧，如果不抓紧，如果你有丝毫懈怠、懒惰，时间就被我吞食掉了！"

甘畅就是以创作这种藏书票的方式激励女儿发奋读书的。

◆ 张天藏书

甘畅2006年作

阎吉瑛：黑白木雕

阎吉瑛创作的这张黑白木刻藏书票不一定是脸谱，但具有木雕脸谱的风格。乜斜的眼神、挺直的鼻梁、紧抿的嘴唇都有一种别样的冲击力，脸部密集的线纹更是给这张脸带来了非凡的感觉。

◆ 马汇书屋

阎吉瑛2002年作

任丽俊：唢呐忘情吹

　　使劲地吹，对着天空使劲地吹，对着黑夜使劲地吹，直吹得天昏地暗，直吹得雨雪霏霏。任丽俊创作的《一月藏书》藏书票，夸张地描绘了一个尽情忘我吹唢呐的乐手，在天地间，感天动地。

◆ 一月藏书

任丽俊2003年作

贺敬才：一把二胡

《贺敬才藏书票》的黑白表现手法简单明了，画面上二胡阳刻，"贺敬才藏书票"几个字草书阴刻，简单也能令人过目难忘。

◆ **贺敬才藏书票**

贺敬才1992年作

龙开朗：芦笙小孩

　　一个少数民族孩子在吹芦笙，吹得专注而深情。画面上只有简单的阴刻阳刻的交织。然而，画面越是简单，越能看出画家深厚的造型功力。

◆ 艺言的书

龙开朗1995年作

范天行：开卷有益

这是一张以书法为题材的藏书票，精华在于那红色印章中的四字"开卷有益"，每一个字都经过画家的艺术处理。淡蓝色的背景色，四个面的构图，与印章形成错落有致的格局，无处不是作者的别具匠心。

◆ **开卷有益**

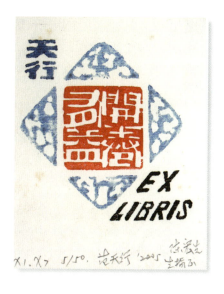

熊琦：有力的和尚

《熊琦藏书》这张藏书票中的人物好似《水浒传》中的鲁智深，又好似《西游记》中的沙和尚。是谁不重要，重要的是人物魁梧有力，伫立于画的中心，个性十足。红色和绿色的背景色很好地烘托了人物的力量感。

◆ **熊琦藏书**

熊琦1996年作

冉茂魁：美人鱼

　　安徒生童话中的美人鱼是人们耳熟能详的故事，美人鱼雕塑是丹麦一景。冉茂魁的《小明藏书》藏书票取材自这一雕塑。美人鱼雕塑光影的处理，海面波光粼粼的色彩处理，令人叫绝。这是一张让人过目难忘的藏书票，即使是看到现场原景照片，也难以产生这样的效果。因为卓越的艺术家不是复制生活，而是升华生活。

◆ 小明藏书

彭本浩：深邃的眼睛

　　深邃而忧郁的眼睛总是能打动人，但不是每一个画家都能刻画打动人的眼睛。这张《本浩（藏书）》藏书票中，除了眼睛，人物的面部并不清晰，但发散而飞扬的头发却十分抢眼。雕刀对头发的处理，给人经久难忘的深刻印象。

◆ 本浩（藏书）

彭本浩1990年作

赵之公：钟馗怒目

在《杨抱林珍藏》这张藏书票上，赵之公的戏剧人物钟馗怒目圆睁，在水墨写意中突出眼神写实，达到传神的艺术效果。

◆ **杨抱林珍藏**

孙爱国：剪纸风

　　这组藏书票选取了"唐僧念紧箍咒""孙悟空降妖"
等《西游记》中主要人物的典型场景，构图别致，幽默谐
趣。孙爱国以民间剪纸风格创作的一组以《西游记》人物
为主题的藏书票，风格纯朴，大俗大雅。

◆ 《西游记》人物（一）　　◆ 《西游记》人物（二）

孙爱国1998年作　　　　　　孙爱国1998年作

谢逢春：水浒传人物

　　乐和、宣赞、史进、鲍旭……这些人物在谢逢春的藏书票中得到了生动的表现。

　　《逢春藏书·乐和》《逢春藏书·宣赞》《逢春藏书·史进》《逢春藏书·鲍旭》这四张丝网版藏书票就像一页页线装本古籍《水浒》中的插图，取黑色纸为底色，采用灰色颜料，线条简洁，以少胜多，构图准确。人物动作和神态生动传神，风格简约，古朴端庄。

◆ 逢春藏书·乐和

◆ 逢春藏书·宣赞

谢逢春1998年作

谢逢春1998年作

◆ 逢春藏书·史进

谢逢春1998年作

◆ **逢春藏书·鲍旭**

谢逢春1998年作

傅华坤：武侠精神

"平生爱读武侠书"，读到快意处，持剑侠客破书而出。

傅华坤的这张塑刻版《平生爱读武侠书》藏书票构思巧妙，线条遒劲，将侠客仗义行侠的个性刻画得淋漓尽致。

为什么平生爱读武侠书呢？因为武侠书中的人物描写栩栩如生，个性鲜明，呼之欲出，乃至出现了书中人物跨出书页，从书中走出来的幻景。

◆ 平生爱读武侠书

傅华坤1998年作

鹏程：凤凰涅槃

《重铸国魂》是为纪念五四运动八十周年，鹏程应约为北大创作的一张藏书票。票面上还有"重铸国魂"字样，点明了藏书票的高尚主题。图案取材于五四新诗运动的杰出诗人、白话诗倡导者郭沫若的诗集《女神》中的代表作《凤凰涅槃》。

相传，凤凰每五百年自焚为灰烬，再从灰烬中浴火重生。《重铸国魂》藏书票的下面是一只凤凰，熊熊火焰中，凤凰浴火重生化为女神。女神手中拿着一支毛笔，她是一位会写诗的女神，意为郭沫若新诗集《女神》。同时，这支毛笔也代表新文学运动，写下"重铸国魂"四个大字，这就是五四运动的意义。

◆ **重铸国魂**

鹏程1999年作

图书在版编目（CIP）数据

且寻歌舞赏明春：文学艺术 / 沈泓著 . —— 天津：
天津教育出版社，2024.6
（书中蝴蝶：中国当代藏书票）
ISBN 978-7-5309-9041-4

Ⅰ . ①且… Ⅱ . ①沈… Ⅲ . ①藏书票 – 中国 – 图集
Ⅳ . ① G262.2-64

中国国家版本馆 CIP 数据核字 (2024) 第 089286 号

书中蝴蝶：中国当代藏书票
且寻歌舞赏明春：文学艺术
SHUZHONG HUDIE ZHONGGUO DANGDAI CANGSHUPIAO
QIEXUN GEWU SHANGMINGCHUN WENXUE YISHU

出 版 人	黄 沛　　丁 鹏	
作　 者	沈 泓	
选题策划	王轶冰	
特约策划	丁 鹏	
项目执行	常 浩	
装帧设计	杨 晋	
责任编辑	张文萱　　张 清	
出版发行	天津出版传媒集团	金城出版社有限公司
	天津教育出版社	
地　 址	天津市和平区西康路 35 号	北京市朝阳区利泽东二路 3 号
邮政编码	300051	100102
经　 销	新华书店	
印　 刷	鑫艺佳利（天津）印刷有限公司	
版　 次	2024 年 6 月第 1 版	
印　 次	2024 年 6 月第 1 次印刷	
规　 格	787 毫米 ×1092 毫米　1/32 开	
字　 数	180 千字	
印　 张	11.25	
定　 价	88.00 元